梁秋丽◎编著

这些问题孩子最爱问

这样回答孩子最爱听

激发好奇心
培养探索精神

用心倾听，用爱回答，陪伴孩子成长

每一个“为什么”都是成长的契机

孩子的问题，是他们认知世界的起点

用孩子的语言，回答他们的疑问

中国纺织出版社有限公司 | 国家一级出版社
全国百佳图书出版单位

内 容 提 要

好奇心是孩子成长的原动力。历史上许多重大的发现、发明都与科学家们小时候的好奇密不可分，例如：一个成熟的苹果掉落在地上，引起了牛顿的注意，从而成就了伟大的“万有引力”定律。水沸腾时将壶盖顶起来的现象，就引起了少年瓦特的好奇，这才有了日后的蒸汽机，才有了工业革命的迅猛进程。这种例子在科学史上数不胜数。

喜欢追问是孩子的一种天性。每个健康的孩子心里都会有许多的为什么。很多时候孩子的问题不但多、而且杂，年轻父母常常会觉得防不胜防，甚至会感到尴尬，不知所措。于是如何科学地回答这些“童言”将是每一位父母所面临的首要问题。是善意的谎言还是支支吾吾的解释？这对孩子日后成长有着至关重要的作用。本书从十一个方面归纳了孩子最常提出的三百多个问题，根据孩子的年龄和生长发育特点有针对性地进行了回答，并请专家进行了分析和点评，用科学的方法解读这些“疑难杂症”，解决了父母们的“后顾之忧”。

图书在版编目（CIP）数据

这些问题孩子最爱问 这样回答孩子最爱听／梁秋丽编著.
—北京：中国纺织出版社，2011.10（2025.6 重印）
ISBN 978-7-5064-5844-3
Ⅰ.①这… Ⅱ.①梁… Ⅲ.①家庭教育 Ⅳ.① G78
中国版本图书馆 CIP 数据核字（2011）第 153461 号

策划编辑：黄 磊　　特约编辑：祁 薇　　责任印制：陈 涛

中国纺织出版社出版发行
地址：北京东直门南大街 6 号　邮政编码：100027
邮购电话：010—64168110　传真：010—64168231
http://www.c-textilep.com
E-mail:faxing @ c-textilep.com
三河市兴达印务有限公司印刷　各地新华书店经销
2011 年 10 月第 1 版　　2025 年 6 月第 2 次印刷
开本：710 × 1000　1/16　印张：19.5
字数：282 千字　定价：59.80元

序言

诺贝尔奖获得者、美籍犹太人赫伯特·布朗成名之后回忆说："小时候，我的祖父常常问我，为什么今天与其他日子不同呢？他总是让我自己提出问题，自己找出理由，然后让我自己知道为什么。我的整个童年时代，长辈们都鼓励我提出疑问，从不教育我依靠信仰去接受一件事物，而是一切都求之于理。我以为，这一点是犹太人的教育比其他人略胜一筹的地方。"

请看这样一个故事，杰丝卡是以色列犹太人，开朗大方，脸上总是带着微笑。她丈夫是美国一家公司驻以色列的代表，经常在以色列与美国之间往来。杰丝卡自己则带着儿子阿莱克斯在美国生活，独立承担了抚育孩子的重任。

一天，儿子阿莱克斯乘坐幼儿园的接送车回家，正和人聊天的杰丝卡马上迎了上去，陪他一起走进了房间。进门之后，杰丝卡问阿莱克斯："今天你提问了吗？"阿莱克斯连连点头。"那么，你都问了些什么呢？"杰丝卡接着问他。阿莱克斯开始复述他今天一天中所提的问题，有的是问幼儿园老师的，有的是问同班小朋友的……问题千奇百怪：为什么有的蚂蚁会有翅

膀？为什么树叶有红的也有绿的？为什么牛奶不能换你的饼干……一天竟然问了三十多个问题！杰丝卡满意地点了点头。

原来，启发、鼓励孩子提问和思考问题是犹太人的家教传统。杰丝卡小时候，她爸爸就常问他，为什么人每天都要吃饭，而饭都跑到哪里去了呢？最初，她对此是一无所知，常常是红着脸或者咬着嘴唇不说话。但是爸爸没有责备她，而是让她每天都问别人十个她不懂的问题；如果没有人回答她，就自己去找出答案。从那以后，杰丝卡觉得日子的确不一样了，因为每天都是新鲜的……

相比于犹太人，中国的传统观念却认为，缠着父母问这问那的孩子是惹人讨厌的。父母可能会对跟在父母后喋喋不休的孩子大加训斥，对于孩子提出的问题，也常常是敷衍了事。

然而这是错误的。

好奇心是成长的原动力。在科学史上，许多重大的发明、发现都与科学家小时候好奇心强密切相关。例如：水沸腾时将壶盖顶起来的现象，就引起了少年瓦特的好奇，这才有了日后的蒸汽机，才有了工业革命的迅猛进程。这种例子在科学史上数不胜数。

愿意思考、喜欢探索是孩子的天性。每个健康的孩子都会这么做的。但

是，有些孩子渐渐地对事物探索的兴趣减少了，到了上学的年龄，他们不爱学习、马马虎虎，为什么呢？究其原因，恐怕与父母对孩子的提问采用错误的回答方式有关。

一个孩子刚刚学会说话，刚刚能用语言表达自己的看法、感受时，常常会问一些大人看似很“傻”问题：天空为什么是蓝的？树叶为什么是绿的……对此，你会怎样回答？也许你会说，这些问题孩子理解起来太难了，因而不屑于回答；而有些父母由于工作、家务太忙会感到精力疲乏，当孩子不停地向他们问为什么时，就常用不耐烦的口吻对孩子说：“别烦妈妈(爸爸)了，自己玩一会儿。我忙着呢！”更多的父母常常会敷衍了事，随随便便给个答案。可是，你是否意识到，当一个孩子提出的问题总得不到及时、确切、合理的解释时，他就会慢慢丧失提问的欲望——因而也丧失了成长的最好时机。

因此，当孩子提问时，我们首先应持鼓励的态度，回答要尽可能地及时、简明、准确、浅显易懂。孩子对事物往往是从具体的、自身的、直观的角度来认识和理解的。因此，要想给孩子讲清一个问题，回答时就要从孩子的年龄、理解能力、提问的出发点考虑，因人而异、因时而异、因地而异。

一个6岁的孩子在公园里玩耍时，面对盛开的鲜花，她忽然问妈妈：“人为什么不开花结果呀？”“你就是爸爸、妈妈结的果呀。”妈妈机智地回答了一个难以回答的问题，同时，也揭示了一切动物、生物的共性。这就是一个很好的范例。

孩子的问题可能很多、很杂，年轻的父母常常会觉得防不胜防，所以，我们准备了这本小册子。希望书中归纳的160个问题和答案以及生发开来的300余个问题和答案能为你提供一些参考。

在本书的编撰过程中，得到吕进、顾诚、赵阳、梁孟娟、张倩、徐文祥、吕红莹、周飞飞、王珍、张静静、张婷、李景兰、张丽晓及贺振梅等大力协作，在此一并表示感谢。

愿每个孩子的疑问都能得到父母及时、确切、合理的解释。相信做到了这一点，每个孩子都能获得这一成长的好时机，而我们同样相信，父母与孩子的亲子关系也能在这一问一答的交流中很好地发展。

愿每位父母都能笑着面对自己的孩子。

梁秋丽

2011年7月

目录

第一辑　性别与出生

第二辑　身体·成长·衰老与死亡

第三辑　生活点滴

第六辑　学习中的烦恼

第七辑　自然

第八辑 社 会

第九辑　文明与美德

第十辑　平安生活每一天

第十一辑　异想天开

第一辑

性别与出生

性对孩子来说是好奇的，如何对孩子进行适当的性教育，是当前困扰所有父母的教育难题之一。

专家指出，性教育期可分为幼年阶段（0～6岁）、童年阶段（7～10岁）和少年阶段（11～14岁）。10岁之前的性教育，父母自然是最好的老师，10岁以后，学校教育（书本知识，老师传授）、同伴教育和社会教育（如传媒等）才略占上风。显然，每个父母都希望孩子长大后具有健康的性观念和性行为，但如何把自己了解的东西传达给孩子，恐怕是许多父母难以解决的问题之一。

不少父母理所当然地认为“性”是属于成人的事情，儿童不可能存在“性”问题。因此当孩子提出一些有关“性”的问题时，父母就慌了，不是闭口不答，就是敷衍了事，或是严加训斥。其实这些做法都是不对的，因为人类自从婴儿期开始就有了“性”的本能和“性”的反应。所以，当孩子所表现出来的这些“超常举动”，我们需要坦然面对，正确对待，用合适的语言和态度，对孩子进行最初的性启蒙。

性教育的内容包括两个部分：知识和价值观。知识可以从学校里、书本上、父母处获得。但是价值观最好在家里教给孩子。因为这个时候是他们接受性教育的最初阶段，将方向性的东西传授给他们，可以帮助孩子日后在接受其他的性教育时不至于发生偏差，同时这一阶段的性教育对他们的影响也较深，日后很难忘记。孩子可以通过观察父母之间的活动，如亲吻、拥抱等来学习两性和爱的关系。

在对孩子的性教育之中，父母不能一下子教得太快、太多。在孩子提出关于性的问题时，父母不要把回答变成一个妇产科的课程。回答可以简短一些，一两句或几句话，不要长篇大论。

还有，无论在什么场合，对于孩子的性问题，父母都不应该将自己不恰当的态度强加给孩子，以增加他们的心理负担。也不应该在教育的时候，老是想着一次把全部的知识都教给孩子。更多的时候，父母只需点到为止。

第一节　生命起源

“妈妈，我到底是从哪儿来的？幼儿园好多小朋友都说自己是捡来的。”

康康问得那么迫切，那么认真，看得出，他内心对那种“捡来”的恐惧很深很深。妈妈深受感动，一把将康康搂在怀里说：“康康是爸爸妈妈亲生的，一点儿不会错！妈妈还知道，别的小朋友也都是他们的妈妈生的。”

“那为什么他们的爸爸妈妈要撒谎呢？”

妈妈，我是从哪里来的？

每天晚上，萧萧都要听妈妈讲个故事才能睡觉。

一天晚上，萧萧躺在床上，妈妈正在绘声绘色地给萧萧讲故事：“母鳄鱼在岸上产下了几十个蛋，过了一些日子，小鳄鱼从蛋壳里钻了出来。”

讲到这儿，一向安静的萧萧忽然打断妈妈的讲话，问：“妈妈，小鳄鱼是从蛋里钻出来的，那我是从哪里来的呢？”

妈妈心里一惊，宝宝怎么会问这个问题呢？他真是长大了。

面对萧萧渴求的眼神，妈妈温柔地说：“宝贝，你是从妈妈肚子里出来的，你看，妈妈肚子上还有一个疤呢。当你长到10个月的时候，医生就把你从妈妈的肚子里拿了出来。”

萧萧听了，似乎对这个回答很满意，不再说话了。

? 类似问题

妈妈，我是怎么来的？

我是大街上捡来的吗？

妈妈，我是生出来的吗？

解说

几乎所有的孩子都会问父母这个问题，这其实是孩子在学龄前大脑发育的一个阶段的必然问题。

而上面那位母亲其实并没有完全回答孩子的问题，在此之后，孩子还是会问类似的问题，因为孩子的好奇是无止境的，只有你把他的疑问全部解决之后，他才会善罢甘休。

不要对孩子说“你是大街上（垃圾堆里）捡来的”，因为那会使孩子的心理产生挫折感。也不能对孩子说“你是老鹰叼来的”或者“你是从石头里蹦出来的”，因为那样会使孩子缺乏最初的归属感，也必然会伤害孩子与父母的自然归属关系。

这时，你必须清晰地对孩子表达出这样一种意思：你是爸爸妈妈亲生的。至于解释，我们要根据孩子的年龄和认知程度慢慢地去引导。譬如可以直接告诉他：爸爸和妈妈相爱结婚后，除了拥抱和接吻，还要让爸爸的精子细胞进入妈妈的卵细胞，在妈妈肚子里长成宝宝，从妈妈的产道里生出宝宝来。同时还可以告诉孩子，生宝宝是一件非常艰辛的过程，要培养孩子爱惜生命、孝敬父母。

我们必须明白，孩子的这种提问并非是要探讨两性关系，而只是好奇而已。所以父母们无须为此担心什么，尽量将正确的答案以一种孩子能够接受的方式对孩子讲出来。

常见回应

“你是我从垃圾堆里捡回来的。我看你一个小孩孤苦伶仃怪可怜的，不忍心，所以就把你捡回来了。”

这样的回答无疑会让孩子感到非常沮丧——自己只是一个从垃圾堆里捡来的孩子，如果不听话的话，还有可能被抛弃。这些孩子在进入反叛的青春期后可能会对父母产生误解：怪不得你们对我不好，因为我是捡的嘛！

“你问这个做什么，等你长大就明白了。”

相信许多父母都曾这样回答过孩子的一些问题，但它的确不是一种好方式。这样做的一个直接后果是：孩子的问题得不到解答，会积淀在心里或者从同伴、老师等其他途径寻求答案，长此以往，孩子对父母的信任感会降低，而且提问题探索周围事物的积极性也会被打击。

“你和孙悟空一样，是从石头里蹦出来的，所以你才那么顽皮。”

这样的回答会让孩子觉得自己跟爸爸妈妈没有什么关系，缺乏与父母天然的归属感与亲近感。

“呵呵，你是妈妈从肚脐眼儿里生出来的。”

这样回答的父母可能处于两难之中，他们既想告诉孩子真相，但是又有些羞于谈性，于是，只好采取这一“折中”的方式来应付孩子的提问。其实，父母在此问题上不应该羞于表达，而是需要直白地告诉孩子一些有关生命起源的知识。

“爸爸妈妈做爱之后，就有了你。”

这样的回答看似坦白，其实并没有切中问题的实质。孩子的问题是自己怎么来的，而这一回答却避实就虚，不可能解答孩子的疑问，更不能满足孩子的好奇感，他们日后还会发问的。

合理解答

“宝宝是在爸爸和妈妈结婚以后，在妈妈的肚子里长成的。最初你很小很小，小到眼睛都看不见，只是一个细胞，叫‘受精卵’，后来它开始分裂成2个、4个、8个……然后，它们逐渐长大，这就叫‘胚胎’，再以后就长出了头、颈、身体和四肢，形成了‘胎儿’，妈妈肚子里有一个专给胎儿准备的‘小房子’叫做子宫，你就在那间房子里住了10个月，长成一个6斤多重的孩子。后来，就像咱家的大猫生小猫一样，被妈妈生了出来。”

这是一种科学型的回答方法，适合4岁以上的、有一定认知能力的孩子。这位妈妈用形象化的语言，将孩子关心问题的答案娓娓道来，过程完整但并不复杂，孩子很容易理解。

“爸爸身上藏着很多种子。有一天，爸爸把其中的一个小种子放进妈妈的肚子里，它和妈妈肚子里的另外一个小种子结合在一起，那就是你。然后你就在妈妈的肚子里慢慢生根，慢慢发芽，慢慢长大，慢慢能听到声音，也会动弹了。等到你快有小熊玩具那么大了的时候，你就会觉得妈妈身体里太黑了，开始又踢腿又晃脑袋，想要出来。这时，妈妈就会到医院里，请医生和护士阿姨帮忙，把你拿出来。”

这种方法的优点是能够满足孩子的好奇心，因为孩子会对具体的成长过程感兴趣。当父母对孩子这样进行描述时，孩子会在眼前浮现出一幅画面，画面中的主角是自己，这样他会很高兴很自豪，当然也会很明白。

小宝宝在妈妈的肚子里怎么吃饭呢？

一天，在妈妈从幼儿园接灿灿回家的路上，迎面走来一位孕妇，非常好奇的灿灿问妈妈：“妈妈，那个阿姨的肚子为什么那么大啊？”

于是妈妈便对灿灿说：“那是因为阿姨怀孕了，她的肚子里有个小宝宝。”

灿灿更加好奇和吃惊，连续问道：“阿姨肚子里有个小宝宝？那小宝宝在肚子里吃什么呀？怎么吃呢？还有啊，小宝宝要是想上厕所怎么办呢？”

类似问题

小宝宝在妈妈肚子里吃饭吗？

小宝宝在妈妈肚子里怎么上厕所啊？

小宝宝在妈妈肚子里怎么睡觉呢？

解说

一般的父母都会惊讶于孩子问这些问题，他们不知道这些只长了几年的小脑袋是怎么想出这些问题的，但是有问题就需要面对，孩子的问题更需要父母予以耐心细致的解答。

常见回应

“小宝宝在妈妈的肚子里不用吃饭，也不用上厕所。”

这种回答其实是父母在欺骗孩子。许多父母在一时无法回答孩子的问题时要么几句话搪塞过去，要么回避或者粗暴地拒绝孩子，还有一些父母会“聪明”地给孩子一个看似正确的回答，其实这样会在孩子日后的成长中造成很多矛盾，因为他们还会遇到不同的解答疑惑的机会，如果日后的教育与父母最初的教育不一致，他们就会感到困惑，也会造成孩子对父母的不信任。

“妈妈吃饭，小宝宝就吃饭；妈妈上厕所，小宝宝就上厕所啦！”

这种“想当然”的回答亦是一种错误的回答。孩子在其中并不能获得什么有效的答案，如果父母一直给孩子这种回答，长此以往，孩子会渐渐打消向父母询问的念头。

合理解答

“你看一下你的小肚肚，看看上面是不是有一个肚脐眼儿啊？那就是小宝宝‘吃东西’的地方。小宝宝在妈妈肚子里的时候，是不能用嘴巴吃饭的，但是妈妈有一个输送营养的管道，叫脐带，与宝宝的肚脐眼儿连着。宝宝饿了的时候，妈妈就把营养输送给宝宝。宝宝也就一天天地长大了。等到宝宝出生以后，就可以用嘴吃饭了。这样，脐带就用不着了，医生阿姨就把它剪断、扎好，长大后就变成了现在的样子。”

这样的回答让孩子明白事理的同时，又加深了对母亲的感情，可谓一举两得。

“关于小宝宝在妈妈肚子里怎么睡觉的问题，妈妈现在也不知道，待会妈妈查查书再告诉你正确答案，好吗？”

对于宝宝的一些问题，父母当时就能给出比较科学、合理的答案，但是有一些问题，可能父母一时也难以回答，这时父母不妨告诉孩子待查书后再告诉他，但是父母不应把此问题拖太长时间，要尽快告诉孩子，否则孩子会以为爸爸妈妈在搪塞自己，容易让孩子失去对父母的信任感。

我能待在妈妈的肚子里不出来吗？

有一天，妈妈和贝贝去公园玩。路有些远，贝贝渐渐累了，想让妈妈抱着他。妈妈便跟他讲，好孩子应该自己走路，不能再让妈妈抱了。贝贝很听话，不再央求了。不过，他一偏头，给了妈妈一个问题："妈妈，我能待在你的肚子里不出来吗？"

妈妈笑了："是不是那样就不用自己走路了？"

"对！"贝贝得意地说。

妈妈一想，这正是一个教育孩子的好机会，于是便一边走，一边向贝贝讲述："一开始你在妈妈肚子里，后来你越长越大，妈妈肚子逐渐装不下你了。你就开始在妈妈肚子里乱踹，妈妈疼得受不了，就到医院，让医生阿姨把你拿了出来。你出来时还哇哇哭呢！"

"那我在妈妈的肚子里待了多长时间呢？"贝贝接着问。

"你在妈妈身体里一共住了10个月才生出来。"

"原来我在妈妈肚子里呆了这么长时间啊？"

类似问题

我能一直待在妈妈的肚子里面吗？

如果我变小了，还能回到妈妈的肚子里吗？

他们都说我是从妈妈肚子里生出来的，那我还能回去吗？

解说

孩子在小的时候常常困惑于自己在妈妈肚子里这段时期的事情，因为他们的所见所闻都无法让他们理解那个时期自己是如何生活与成长的。这也难怪，父母这个时候就需要慢慢地向他们解释这一切，具体方式可以采取反问、比喻的方法，例如讲述种子的生长过程，这样孩子比较容易理解，亦能加深与母亲的关系。

常见回应

“你瞎想什么啊？哪有孩子能一直待在妈妈肚子里不生出来的！”

孩子有关自身的问题都不是瞎想，父母更不应该斥责孩子的这些想法是瞎想。对于这些问题，父母倒是需要更耐心地予以解答。

合理解答

“10个月你就长大了，不用再待在妈妈的肚子里啦；再说，你越长越大，妈妈的肚子也装不下你啊！”

这样回答会让孩子知道十月怀胎的道理，也会加深与妈妈的感情。

妈妈，世界上的第一个人是怎么来的呢？

6 岁的曼曼从幼儿园回来的途中问妈妈：“为什么有那么多人呢？”

“那是因为妈妈会生出娃娃，当这娃娃长大以后，结婚了又会再生娃娃。渐渐地人就多了啊。”

“那么，第一个人是怎么来的呢？”

类似问题

人是猴子变的吗？

第一个人是怎么来的呢？

人是从蛋里孵出来的吗？

动物园里的猴子是不是也会变成人呢？

解说

人类的起源是非常难以回答的问题。实际上，在科学上也尚有许多不解之谜。对于这类问题我们可以买一些有关人类进化的书，与孩子一起翻阅，让他们了解类人猿逐渐演化成人类的进化过程。此外，对于孩子提出的问题，应尽量给予具体的回答，简单概括地回答是无法满足孩子的！

此外，不仅要帮助孩子阅读有关人类进化的书籍，在回答他问题的同时，也要让他了解人类的演化和猴子的成长过程是不一样的。如果有机会，还可以带他到动物园去，让他看看年幼的猴子和年老的猴子。这时，孩子就能够接受“猴子的年纪再大，也还是猴子”这一认识。

常见回应

“人是猴子变的，你看动物园的猴子和人是多么像啊！”

这种回答未免过于笼统，孩子会得出这样的结论：人是猴子直接变成的。甚至会有这样的想法：当猴子老了，也许会变成人。

合理解答

“宝宝，人是由猴子进化而来的。很久以前，有一群猴子离开了森林，开始用双脚走路，他们就住在山脚下或者海边。后来他们又学会了制作工具、穿衣服还有建造房子。虽然外形很像猴子，但是他们的大脑已经和猴子不一样了，他们变得聪明了，这就是人类的祖先。”

这种描述就向孩子解释了“进化”的概念，而且像讲故事一样，孩子会很容易接受。

第二节　身体的奥秘

儿子和我一起躺在床上，不停地闹，一会儿，摸到了我的乳房。儿子问："妈妈，为什么你的咪咪那么大，我和爸爸的那么小呢？"

虽然对儿子摸自己的身体感到不太舒服，但我还是耐心地解答他的问题："这是乳房。妈妈是女人，你和爸爸是男人。女人长到十几岁的时候，乳房就开始变大，等你一出生，这里就能有好多奶水让你吃了。"

这是什么（情景：指着自己的阴茎）？

两岁半的陶陶和妈妈一起洗澡时，指着自己的阴茎问道："妈妈，这是什么？"

"这是小鸟，大名叫阴茎。"妈妈耐心地说。

"那小鸟里面有什么？"

这时，妈妈认为陶陶的发问目的不在此，就反问道："那么，宝宝你认为呢？"

"是小便啊。"陶陶很得意地说。

类似问题

到底小鸟里面有什么？

为什么叫小鸡鸡呢？

解说

像这样的情形，孩子发问的目的并不在于得到正确的知识，而在于表达自己的愿望。而上述妈妈就很好地利用了“反问”这种方式，让孩子自己解决了问题。

常见回应

“这是你的小鸡鸡（嘘嘘）。”

关于生殖器的问题，做父母的经常会有不同的回答方式，跟孩子说生殖器官的一些儿化的名字固然是一种方法，但是直接跟孩子讲明生殖器的学名以及用途会更好。

“里面就是一些肉啊，人身上的器官都是肉长的。”

这样回答会让孩子觉得父母对自己的问题并不重视，只是随口敷衍了事。自此之后他可能再也不愿意向父母发问了。

合理解答

“这是阴茎，有时候也可以叫做小鸡鸡。是用来排尿和其他液体的地方。”

告诉孩子关于性问题的合适时机正是当孩子开始提出此类问题的时候。当一个两三岁的孩子指着自己的生殖器问“这是什么”的时候，就是告诉他答案的最佳时机。

为什么妈妈的胸部比爸爸的大呢？

周末，爸爸妈妈带着琳琳在游泳池里游泳。他们快乐地在游泳池里嬉戏，突然琳琳看了看妈妈的胸部，又看了看爸爸的胸部，最后又用小手摸了摸自己，好奇地问道：“妈妈，为什么你的胸鼓鼓的，而爸爸的胸和我的胸

都是平平的呢？”

类似问题

为什么妈妈的咪咪那么鼓，我和爸爸都那么小呢？

妈妈，为什么你有乳房？

为什么爸爸的鸡鸡（妈妈的胸部）比较大？

解说

在妈妈带孩子洗澡时，孩子很容易发现自己与父母在身体上的不同，他们对于高矮胖瘦可能容易理解，但是对于性器官以及第二性征的不同就不是那么容易理解了，于是他们便向自己最为信任的父母发问。此刻，大多数父母会感到难为情。其实这正是一个对孩子进行性教育的好机会。

常见回应

“小孩子注意这个干什么！快好好学你的游泳。”

对身体的关注是孩子好奇的天性之一，与父母在这方面的交流也是他们成长的机会，而父母却用简单而粗暴的态度对待这个比较好的教育机会，对孩子的性心理发育自然无益处。

合理解答

“爸爸妈妈的胸部和你的胸部都叫做乳房，但是爸爸和妈妈的身体构造不同。宝宝生下来后要喝奶，妈妈的乳汁就是小宝宝的粮食，乳房是给宝宝储存粮食的地方，所以妈妈的胸部是鼓的。而爸爸不用给小宝宝喂奶，所以爸爸的胸是平平的。你的胸部小是因为你还比较小（参见下述回答方式）……”

对于孩子来说，这种边叙边议、说故事加以讲道理的回答方式比较容易被孩子接受和理解，而且可以加深印象。

“妈妈胸部这两块叫做乳房。在你刚生出来的时候，没有牙齿，不能吃饭，只能喝妈妈乳房里的奶，所以妈妈的乳房要足够大，才能储存够你喝的奶啊。”

妈妈的这种回答方式，是一种简单的回答方式，它满足了孩子的好奇心，让孩子觉得妈妈的乳房大是“理所当然”的，这对男孩子来说已经足够了。

“为什么妈妈的乳房这么大呢？因为我是妈妈。等到你要上中学的时候，你的乳房也会慢慢地长大，为你将来生小宝宝做准备。不过，在没有生小宝宝的时候，乳房里就不会有奶水；小宝宝长大以后，乳房里也没有奶水了，你看，妈妈的乳房里现在就没有奶水了，因为你比较听话，已经会自己吃东西了。”

妈妈的这种回答方式非常适合女孩子，让她知道乳房的作用，同时告诉她：你长大了也会这样。

为什么妈妈不像爸爸一样长胡子？

早上，4岁的童童看到爸爸梳完头后，又拿着自己的刮胡刀对着镜子刮胡子，再扭头看了看妈妈的脸，却发现妈妈没有胡子，自己照了照镜子发现自己也是没有胡子，觉得很好玩，便偷偷地问妈妈：“妈妈，为什么爸爸有胡子，我们却没有呢？”

类似问题

为什么我没有胡子呢？

妈妈为什么没有长胡子呢？

爸爸下巴上长的也是头发吗？

小孩子不但对自己与异性小朋友的不同很关心，而且对自己与异性成人的差异也很关心。能够注意到两性差异，说明孩子有了一定的观察能力和思考能力。

常见回应

“男人的身体里有让身体强健的药物，所以会长胡子。”

药物——这其实是在说激素。不过，对于4岁的男孩而言，稍嫌困难。其实孩子的问题有时真的很难回答，一本正经地与他讨论，只怕会让他更加迷糊，还不如做他的朋友，听懂他的意思，并以他能听懂的话来回答他。此刻也不需要这么回答，只要向其说明男女的不同，告诉他男孩在长大成人以后，会长胡子，女孩却不会长即可。

合理解答

“这是因为爸爸和妈妈的身体里的激素不同引起的。爸爸身体里的是雄性激素，它会让爸爸长出胡子来。男孩子到了一定的年龄，体内的雄性激素开始发挥作用，他们就会长胡子，慢慢地变成一个男子汉。妈妈身体里也有激素，不过是雌性激素，所以妈妈不会长出胡子来。”

如果是男孩，妈妈还可以趁机向他提出一些要求，告诉孩子要想变成一个男子汉就必须好好吃饭，好好锻炼身体，这一点对那些挑食的孩子来说尤为重要。

“你是男孩子，长大后也会长出胡子的。”

一般而言，三四岁正是孩子模仿期望比较高的时候，他们会经常想要模仿大人。因此，孩子所发问的问题，其实是一种愿望，他们并非在询问长胡子的理由，而是在于“希望像爸爸一样，想要尝试刮胡子的感觉”。所以，这个时候父母可以告诉孩子，长大成人以后，就会长胡子。如果孩子觉得不满意，你可以再告诉他“你一定会长出胡子，如此一来，就能够使用刮胡刀了”。一般来说，孩子得到这个结果就应该比较满意了。如果孩子喜爱看动物世界等节目，父母则可以通过指导孩子观察狮子等动物雌雄外观差异，来让孩子对于男女外表差异有一个更加直观的感受。

为什么爸爸的小鸡鸡那里会长头发？

刚从外面踢完球回来，小强和爸爸浑身都被汗弄得湿漉漉的。于是两人便嘻嘻哈哈地一起走进卫生间洗澡。在洗澡的过程中，小强仿佛发现了新大陆，一边看着爸爸的下面一边异常惊奇地问爸爸：“爸爸，你的小鸡鸡那里怎么和我的不一样，怎么长头发了？”

类似问题

为什么妈妈的屁屁上会长毛？

为什么妈妈的大腿间长了头发？

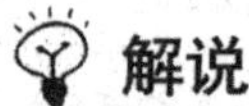

解说

孩子从3岁开始进入性别认知阶段。在洗澡的时候，父母经常会被问及有关体毛的问题。当孩子问“为什么会长毛”的时候，要想用科学的说法来回答似乎太困难了。

孩子习惯地将所有的“毛”和“发”定义为“头发”，凭他们有限的观察经验，他们认为“头发”都该长在头上，所以，当孩子看到父母与自己和小伙伴有所不同时，心中立刻产生了种种疑问。这其实是他们认知发展的结果。

但是，当男孩看见爸爸和自己相似却又不太一样，并且长着黑毛的阴茎时，一般都会非常好奇地注视它，然后问“爸爸的小鸡鸡为什么会长头发……”

常见回应

“你这小屁孩怎么问这么多？”

这其实是许多父母面对孩子提出性问题时的直接反应。他们觉得很尴尬，不好回答，甚至会觉得“现在的孩子怎么这样，小小年纪就……”所以

干脆采取呵斥或拒绝的方式企图蒙混过去。不过这样孩子的问题仍然没有解决。如果他们能从别的途径了解到正确的性知识和性道德还比较好，一旦从一些不正常的途径得到一些错误观念，继而影响到日后的性观念乃至正常生活，父母也许只能后悔莫及了。

“你这小孩怎么这么不要脸！”

成年人其实懂得很多道理，但是往往不能将其用到教育孩子上。大家都听过大禹治水的故事，知道“疏”比“堵”好，但是，不少父母在教育孩子的时候仍是一味地“堵”、“管教”，其实，孩子的发展正如树苗，需要引导，而不是单纯地修剪、控制。

合理解答

“长在头上的叫头发，长在胳肢窝中的叫腋毛，长在两腿间的叫做阴毛。”

在孩子稍大后，父母可以在为其洗澡时，有意识地告诉孩子身体一些隐秘部位的正确、科学的名称，比如“阴茎”、“外阴”、“乳房”等；而不要含糊地称“小鸡鸡”、“小麻雀”等。

“长大以后，不管是谁的小鸡鸡都会长毛的。”

“女孩子长大以后，大腿中间都会长毛的。”

要想用科学的说法来回答“为什么会长毛”似乎比较困难。因此，像这样回答就可以了。

“因为那是很重要的地方啊！有毛发就可以保护它。就像我们的脑袋，因为非常重要，所以先用硬硬的头骨来保护，然后再用头发保护它。”

父母的这种回答方式不仅满足了孩子的好奇心，而且同时还向孩子说明了生殖器的重要，如果能再说明一下“生殖器是每个人的隐私，没有得到允许是不能随便看的，而且别人没有得到自己的允许也是不能看的”会更佳，因为性知识可以慢慢地从成长的岁月中得到，而性道德必须是在小时候就要学会的。

第三节　男孩与女孩

3 岁的丽丽在换衣服时，问妈妈："妈妈，我长大以后，会不会也像爸爸一样有小鸟呢？"

"你是女孩子，爸爸是男人，所以你不会有的。你会像妈妈一样有乳房。"妈妈回答道。

我为什么不能生小宝宝？

罗罗和邻居家的小妹妹婧婧一起在罗罗的家里做作业。一会儿，罗罗好像想起什么似的，神秘地将嘴巴凑到婧婧的耳朵边，说："我们玩生孩子的游戏吧。"

婧婧同意了，"不过你要听我的，我要做爸爸！"

"好啊，好啊！"罗罗说着便把自己的靠垫塞进衣服里，然后挺着"大肚子"说："你看，我怀孕了，要生小宝宝了。"

婧婧忙纠正他："不对，我妈妈说了，男孩是不能生孩子的，你是男孩，所以你不能生孩子。"

罗罗不解，他坚持自己的观点："我能生孩子！"

婧婧一点儿也不肯让步："我妈妈是医生，她肯定不会错的！你们男孩子就是不能生孩子！"

罗罗沮丧地掏出了靠垫，他很伤心，因为他将来竟然不能生下自己的小宝宝……他就一直等着妈妈回来。

不久，妈妈下班回来了，罗罗连忙跑到妈妈面前伤心地问："妈妈，我为什么不能生孩子？”

类似问题

我长大也会生孩子吗？

如果我结婚，也会生小宝宝吗？

我想要一个漂亮的娃娃，不过我能够生吗？

我能生孩子吗？

解说

“为什么只有女孩子才能生孩子？”“我能生孩子吗？”男孩、女孩都可能问到这样的问题，这些问题似乎很容易回答，但是实际上我们很难找到准确的答案。而任何一个不适当的回答都可能会对孩子的心理造成隐性的伤害。针对不同年龄、性别的孩子，我们应该有不同的回答。

常见回应

“当然只有女人才能生孩子啦，小傻瓜！”

“哈哈，这个得问你爸爸了，真可笑！哈哈！”

嘲笑，是某些父母听到这些“怪诞”问题时的普遍反应，在他们的脑海中，这些问题的确很令人可笑。可是，孩子眼中的世界与成人眼中的世界是不同的。这一做法在伤害孩子自尊心的同时，还有可能使孩子形成性别上的自卑心理，会让某些男孩以为自己比女孩缺少某种功能，进而影响到他日后性心理的正常发育。

“罗罗是男孩，怎么喜欢扮女人生孩子呢？”

“小小年纪怎么玩这种游戏，谁教你的？”

游戏是促使孩子成长（社会化）的重要途径。一般的观点认为，只要游戏不对孩子造成身体上的伤害，它就是有益的。当然，父母也要对此进行引导。如父母可以利用孩子玩儿一些角色扮演（过家家、娶新娘）的游戏时让孩子明白性别、家庭分工、责任、亲情等方面的一些认知，这对孩子的成长无疑具有重大的意义。

“女孩子不准问这无聊的问题！”

这一态度可谓是父母强权而又内荏的表现。其实，逃避解决不了任何问题。关于性，孩子与父母的兴趣点是不同的。父母可能认为，孩子关心的是性行为和性过程本身，其实，孩子只是“性好奇”，只是希望了解它的来龙去脉。对此，父母就可以有针对性地回答，将孩子所希望了解的部分明确地告诉他。不必遮遮掩掩或者严加训斥。

合理解答

“的确是女孩子才能生小宝宝，但是如果没有男孩子的帮助，女孩子也是不能生小宝宝的。在女孩子生小宝宝的过程中，男孩子扮演着一个非常重要不可缺少的角色。”

“等你长大了，能够独立生活，和爸爸（妈妈）一样有能力工作挣钱了，你就可以和自己喜欢的女孩（男孩）结婚，然后就能生小宝宝了。”

对于年龄小的孩子，可以多用一些类似童话、动物的故事来向孩子讲述这些答案。例如这个问题就可以用兔爸爸和兔妈妈共同努力才生下兔宝宝的故事来告诉他，生育孩子是男人和女人共同的事情，男孩也是必要的。但是，父母必须要让孩子明白：生育和性不是游戏，是重要的事情，需要以正确的态度对待。

“长大后你也可以像妈妈一样生孩子，但是你要很好地吃饭和锻炼，把身体长得好好的。”

如果是女孩提出这一问题，父母可以直接跟孩子说她具有这种功能，能够在日后生育自己的小宝宝。但是，必须强调是“日后”，是身体和心理都发育成熟之后才能做。

为什么妈妈还用尿不湿呢？

一次，妈妈在卫生间换卫生巾时被4岁的小玉看到，她非常好奇地问：“妈妈，你怎么还用尿不湿呢？”

“妈妈害怕来不及，弄脏了衣服。”

“那你早点来卫生间，就来得及了，妈妈，流血疼吗？”

“妈妈不疼，过几天就会好的，但有些人可能会疼，每个人的感觉是不一样的。”

“那我长大是不是也会流血？为什么会流血呢？”

“因为妈妈现在不需要这些血了，就把它排掉，就像吃的东西过了期，变质了，就得扔掉一样。女孩子长大了都会流血的。”

类似问题

妈妈你怎么流血了？

解说

由于日常生活都在一起，有的母亲在来月经或者换卫生巾时，会不小心让孩子看到，一些孩子也偶尔会在卫生间里注意到妈妈的卫生巾或者卫生棉，他们会向妈妈问起它们的用途。面对孩子的这些疑问，不少妈妈回答时大费周章。这毕竟是一个连成人都不愿意去说及的话题，更何况与自己年幼的孩子进行沟通呢。这时候，父母万万不可羞于表达或者是气急败坏，而要平心静气地向孩子解释，因为一方面孩子都会碰到这些问题，提前给他们一个感知，会让他们日后不至于猝不及防；另一方面，孩子关心的并非是父母的隐私，而只是现象本身，是好奇心的驱使。因此，只要父母平心静气，孩子的这类问题其实并不难回答。

常见回应

“哎呀，脏，赶紧出去。”

有研究表明，一些女性成年之后在性方面出现种种障碍正是年幼的时候得不到健康的性教育引起的。上述的这一回答，其实正是父母对孩子进行性教育不当的表现之一。它不仅会让孩子觉得来月经是“脏”的，更会进一步觉得女性的身体是“脏的”。男孩可能会因此对女性产生歧视，女孩也许会因此而自卑，甚至会引起日后性方面的不协调。

“这是‘大姨妈’，女人每月都会这么‘倒霉’一次。”

这也许是一些“传统女性”的回答。其实，在人类学和社会学的研究中，这是一种禁忌的现象，人类排出的液体人们都会视为“脏”，因为他们与自己的身体分离，是被抛弃的东西。但是这样的回答是不当的。当孩子在不明所以然的情况下见到出血现象，本来就会感到可怕、讨厌，而父母如果做出了这样的回答更会加深孩子的不安情绪，认为月经就是“倒霉”的观念可能会很长时间伴随、影响着他们。

“这没什么奇怪的，每个女人都会有的。”

这种回答比较中性，但其实也不能完全满足孩子对生理知识的需求。过于简单的回答，可能导致孩子更强烈的好奇心，很难保证他们不会从别的途径获取到一些更加不当的回答。

合理解答

“妈妈用的不是尿不湿，而是卫生巾，妈妈用它来吸收妈妈排出来的一些液体。妈妈身体里有一个供宝宝生长的地方，叫子宫，它每隔一段时间（差不多一个月）就会产生一个卵子。如果这个卵子遇到爸爸的精子，就会在子宫里安顿下来，长成一个小宝宝。当爸爸妈妈不想要小宝宝时，那颗卵子就不会被子宫收留，身体就会把它排出来，排的时候会出一点血。因为每个月会有一次，每次会持续几天，所以人们就把这个过程叫做‘月经’。为了在月经时不把裤子弄脏，所以我使用卫生巾。女孩子到了小学五六年级或是初中，也会来月经，但是月经和身体受伤流出来的血是不一样的，不会损伤身体，所以不用为妈妈担心。你长大了也会有的，那时候就表明你长大了。”

对于女孩子来说，这是妈妈最好的回答方式之一，妈妈耐心、科学地解释，本身就会让孩子感到尊重和满意。同时她们确知自己也具备这种能力之后，就会感到满足，对这种身体变化不再有恐惧心理，她们会得到心理上的安慰和知识上的满足。

“人长大了，身体就会有很多变化。像男孩子会和爸爸一样长出胡子和喉结，女孩子也会像妈妈一样来月经，这是很正常的。你长大了也会有这样那样的变化的。”

妈妈的这种回答比较客观、准确地告诉了孩子随着年龄的增长，男女发育会有不同的现象和特征。借此机会，父母也可以进一步引导孩子从男女的性格、身体、工作等各个方面综合认识男女之间的差别，理解女性特有的性别特征及其行为表现。同时可以告诉他们，男孩和女孩是不同的，社会对他们的期待也是不同的，因此，男孩子要像一个男子汉，而女孩子要像一个女孩。

专家点评

许多成年人常常会感到这个时代发展、变化得太快，年轻人逐渐学会了早恋和同居以及对性的不在乎，许多女孩男孩甚至将流产当成了一种“避孕手段”。但是，仔细思考一下，这是不是与父母早期对孩子的性教育有关呢？研究显示，在中国，随着生活水平和经济水平的提高，儿童生长发育的速度明显加快，性发育也比改革开放前提前了。但是与此相对应的一个情况是，社会（以家庭为结构分子）对这一现象普遍认知不足，性教育相对滞后。许多孩子不是从父母和学校那里得到正确的性教育，而是从伙伴、不良书刊、影视和网络上得到了最初的性启蒙——而这些性启蒙显然是难以保证其正确性和科学性的。

在这里，本应作为孩子性教育的启蒙者的家长却因为种种原因退居到了幕后。他们也许没有性教育的经验，甚至自己就是“性盲”，当孩子问及性知识方面的问题时，羞于言表，总是说些模棱两可、似是而非的话；即使通过教育或者自主学习有了一些正确性知识的家长，也因为此问题的敏感性不敢和孩子展开关于性知识的对话。

部分家长认为，对孩子进行性教育是破坏孩子的纯洁性，会在无意中起到教唆作用。其实，如果能在学龄前和小学期间让孩子懂得一些正确的性知识，养成正确的性道德，会使孩子在日后的岁月中不至于对此觉得过分神秘，再遇到一些性问题时也能自然而有序地来接受这种变化了。

为什么强强有小鸡鸡而我没有？

周末，张阿姨带着儿子强强到茵茵家玩。强强撒尿时，茵茵妈妈急忙从床底下拿出了茵茵的小便盆，接着“小鸡”尿出的弧线。

过了一会儿，茵茵悄悄地问妈妈：“为什么强强有小鸡鸡我没有呢？”

妈妈吃了一惊，不知如何回答。

张阿姨是一家医院的大夫。她看了看茵茵的妈妈，微微地会心一笑，替她解围说：“因为你是女孩呀！”

“阿姨，为什么女孩就没有小鸡鸡呢？”茵茵接着问。

茵茵妈妈的脸上有些尴尬，张阿姨急忙示意茵茵妈妈不要阻止茵茵的提问，说：“因为女孩和男孩不一样啊！”

茵茵没有得到确切的回答，睁着两只水汪汪的眼睛，幼稚的脸蛋上写满了期盼，问：“女孩和男孩为什么不一样呢？”

“茵茵的这个问题，阿姨也说不清楚！”张阿姨鼓励着说：“茵茵以后好好学习，长大了，弄清了这个问题告诉阿姨好不好呀？”

茵茵高兴地说：“我知道了一定告诉阿姨。”

类似问题

为什么男孩有小鸡鸡女孩却没有呢?

解说

孩子从两岁开始，对自己的身体开始发生兴趣、产生认知，3岁以后，逐步对异性身体（性器官以及第二性征）产生好奇。3~5岁的儿童已经不自觉地对性问题进行自我探究了。男孩子自然认为每一个人都应该有和他一样的性器官；女孩子则会思考，为什么自己身上没有别的小朋友有的东西?这是幼儿成长的一个必然的、也十分必要的过程，通过对身体发育的了解，孩子逐步理解了性别差异，做到对自身性别的认同。当他们向大人请教时，家长要注意对其进行正确的性教育，否则就会形成一些认识上的误区。

常见回应

“他的那个东西没有用，等妈妈有空给他们剪了。”

这种戏谑式的回答借贬低对方来抬升自己性别的位置，不仅错误而且极易造成危险的后果。孩子对于父母都是遵从甚至崇拜的，有的时候他们可能会借“听话”来获得父母的认可甚至只是注意。他们缺乏安全的知识，有的时候，也许真的会酿成不可想象的后果!

“爸爸和我还有你奶奶都想要个男孩，可惜你却出生了！”

在城市中，这种重男轻女的思想也许不那么流行了，但是如果一不小心说出来，会对孩子的心理造成很大的不良影响。女孩听到这话之后会感到自己是不被重视的、多余的，或是出现对自己性别的自卑感，觉得自己比男性少了几样东西，部分女孩会形成“阴茎嫉妒”心理，对其日后的生活产生不良影响。

合理解答

“所有的女孩都没有小鸡鸡，因为男孩子与女孩子生殖构造本来就不一样啊！女孩子因为将来要生孩子，所以需要子宫和阴道，不需要小鸡鸡，这些是男孩子没有的。无论是男孩还是女孩，爸爸妈妈都一样爱你们。”

在告诉了孩子男女性别特征的差异，培养了孩子明确的性取向之后，再让孩子树立起男女平等的观念，不失为一种回答的好方法。

“孩子，这世界上有两种人：一种是女人，就是妈妈和你这样的；一种是男人，就是邻居小明弟弟和你爸爸那样的；男人和女人有好多不同，例如男人有胡子，有喉结，但是女人有较大的乳房；女孩子有阴道，男孩子有阴茎，这也是一种不同。”

这种回答，显然更为具体和准确，也能较好地满足孩子的好奇感。

为什么女孩子不能像男孩子那样站着尿尿呢？

夏天的一个晚上，妈妈惊异地发现玲玲居然在站着小便。

于是妈妈问：“宝宝今天怎么站着小便呢？”

玲玲说：“幼儿园的男生都是站着尿的，为什么女生不能站着尿尿呢？”

类似问题

为什么我不能像爸爸那样站着尿尿呢？

为什么小明能站着尿尿，我不能呢？

解说

通常孩子在两三岁的时候就会对“性”产生好奇心，他们想了解为什么男孩子长着“小鸡鸡”，为什么妈妈有乳房而爸爸没有等许多有关“性”差别的问题。如果大人对他们采取隐瞒或回避的态度，孩子心中会逐渐形成“性是不可以知道的”的错误观念，并对“性”产生不正当的好奇心。

那么父母怎样面对孩子提出的问题呢？首先需要肯定的是，父母不能回避这个问题，应该给予他明确的答案。家长的态度如果十分暧昧，吞吞吐吐地顾左右而言他，会让孩子的好奇感更强，产生不可捉摸的想法，从而越发对“性”感兴趣，只不过从“地上”转入“地下”，而这是更危险的。

常见回应

“因为性器官不同的缘故。”

这种回答过于简单，孩子不易理解和接受。

“你又不是男孩子，怎么能够那样撒尿呢？可不能这样！”

其实不同性别的不同小便方式，是人类长期进化的自然选择结果，而不是人们从头开始的硬性规定。孩子尽可以去尝试他们的小便方式，当女孩子看到尿湿的裤子或地板时，当她们感到这样做的确很不方便时，她们自然会放弃这种游戏行为，遵从人类正确的选择！

合理解答

“你是个女孩子，以后长大会成为女人，像妈妈一样。爸爸是男人——长大的男孩子。男孩子和男人都有‘鸡鸡’，而他们的尿——真正的名称是‘小便’——从他们的阴茎出来。我们女人和女孩子有阴道和另外一个被叫做尿道口的小开口，我们的尿从那个小开口出来，因为它是在两腿之间，所以我们蹲着或坐在便池上小便。”

这种回答方法很明确地给孩子讲述了男女在排泄器官上的不同，让孩子能够以一种科学的认识来看待这些“奇怪的不同”。

“男孩撒尿就像茶壶一样，他们有个茶壶嘴儿，所以站着小便也不会尿湿裤子，女孩子就没有，男孩女孩不一样呢，对吧？”

这种贴近现实生活的“茶壶”比喻很贴切，孩子比较容易理解和记忆。

“你能观察到男孩和女孩的差别，这说明你很细心。你知道男孩和女孩是不同的，男孩有阴茎，可以把尿撒得很远，这样裤子就不会湿，女孩没有阴茎，尿直接从尿道里流出来，所以必须蹲下。现在你明白了，就不会再站着撒尿了，对不对？”

这种从两者的器官不同而采用不同的排泄方式的道理，很有说服力。如果能让女孩亲自尝试着做一次，就更容易让孩子明白了。

为什么男孩子不能穿裙子？

军军的爸爸妈妈工作非常忙，经常出差，很少有时间和军军在一起。军军从小就住在外婆家，和表姐表妹们一起生活。外婆说女孩好养活，就让军军穿起表姐的衣服，还留起了长发，梳成辫子，活脱脱一个可爱的小女孩。

军军6岁时，被爸爸妈妈接回了家里。爸爸妈妈重新打扮军军时，发现了一个问题：军军只喜欢女孩的衣服和玩具，对于男孩的衣服和玩具没有一丝兴趣；而在学校里，军军只喜欢找女同学玩，神态、声音也越来越像女孩子。

一天放学后，军军一下子扑到了正在门口接他回家的妈妈的怀里，哇的一声哭了起来，并且非常委屈地说："为什么他们总是嘲笑我？为什么女孩子可以穿裙子，我就不行呢？"

类似疑问

为什么只有女孩子才可以穿裙子？

妈妈我也想穿裙子，行吗？

爸爸怎么不穿高跟鞋？

解说

父母从小就应该给孩子树立正确的性别差异意识。最初的时候，可以简单地告诉他们男女生殖器官的不同，让他们对男女差别有个初步认识。然后通过服饰、游戏、行为、语言等方面，给他们强烈的性别暗示和明确的性别区分。例如可以在他们能够进行语言交流后，通过"看图识男女"的方式，让宝宝自己区分男女的不同，强化性别意识。

常见回应

“宝宝，咱们不理他们，宝宝穿裙子的样子最漂亮了！”

有的父母会因为自己对孩子角色（性别）的期待，或者因为风俗使然，而对孩子进行异性的打扮，男孩打扮成女孩，女孩打扮成男孩。这其实很容易混淆他们的性别意识，让他们对自己的性别无法完成认同，甚至会对日后的生活造成很大的影响。

“男孩子穿裙子是很丢人的！”

“男孩子就应该穿男孩子的衣服嘛！”

父母的这种想当然的回答方式，孩子当然无法满意。他们不能从父母这里得到对自己性别的确认，也不能了解社会对个体的性别期待，自然无法在性别认知方面顺利成长。

合理解答

“宝宝，现在让我们给这位健壮的拳击高手穿上裙子看看是什么样子！”

孩子有游戏的天性，如果让孩子在嘻嘻哈哈中得到教育，无疑是一种寓教于乐的好方法。在这种角色混淆的游戏中，孩子以自己对周围人或是电视中的观察，会觉得自己的这些穿戴十分可笑，继而放弃一些错误的观念或要求。

“宝宝，如果爸爸穿着妈妈的裙子上班、到大商场，肯定会把大家吓坏的！”

性别是生理的，也是社会的，男和女的差异不仅体现在身体上，更多地体现在社会认知和表现中。正是因为社会对于男和女的期待不同，所以，男才成男，女才成女。父母也必须把这一点告诉孩子，让他（她）知道，男孩子应该是什么样子，女孩子应该是什么样子。这样，孩子对于性别的认识才更深远，也更全面。

不论我们说得多清楚，都很难一下子让孩子认识到性别的不同。性别的不同对他们来说，是一项重大而神秘的事情。他们一旦发现了这个基本差异时，就会感到好奇或是害怕，胡乱加以诠释，比如有的孩子会认为所有的人都应该有阴茎。

其实，这正是我们对孩子进行性别教育的好机会。弗洛伊德认为，女孩会因为自己没有阴茎而感到焦虑，但这是文化熏陶的结果，而不是天生的。在重男轻女的社会中，男性的生殖器也会在无形中成为一种骄傲的象征。所以在对孩子进行性教育的过程中，一定要让孩子知道无论有没有阴茎，无论是男孩还是女孩，他（她）都是可爱的，父母永远会为他（她）感到骄傲。

第四节　最尴尬的问题

晚上9点，确定小辉已经睡着后，爸爸调暗灯光，紧紧地抱住了妈妈……

而就在这时，房间的门忽然开了，小辉睡眼惺忪地走了进来，张口就说："爸爸，我做了个好可怕的梦……你们在干吗？你在和妈妈打架吗？"

他们抱在一起做什么？

每天吃完晚饭后，5岁的乐乐都要让妈妈带他到离家很近的青年宫广场转转，因为一到晚上那里的人特别多，男的女的、老的少的，跳舞的、练太极的、散步的，非常热闹，而且那里还有他非常爱玩的秋千、滑梯、跷跷板等。

今天也不例外，吃完饭乐乐和妈妈就直奔了广场。玩了一会儿跷跷板之后，乐乐突然像发现了什么新大陆似的，非常好奇地问妈妈："妈妈，你看那两个人在做什么？"

随着乐乐手指的方向，妈妈看到一对年轻人正搂在一起亲热。

"他们在那儿说话呢！"妈妈想了想，只能这样回答。

"那他们怎么抱在一起说话呢！"乐乐继续问道。

"因为他们在说悄悄话啊，就像有时候你对妈妈说悄悄话不想让爸爸听见一样，他们也不想让别人听见！"妈妈给乐乐解释道。

乐乐若有所思地哦了一声，继续玩他的跷跷板去了。

类似问题

叔叔阿姨在干什么？

爸爸和妈妈亲过嘴吗？

解说

现代社会是一个缩小了的社会，因此，孩子在与人交往、电视、电影、网络等大众媒介中看到许多父母不想让孩子看到的东西，甚至动画片里都会有男女接吻拥抱的镜头。有些父母在电视上出现男女亲热的画面时，会急忙蒙上孩子的眼睛或者是急忙调换频道，但这样做会让孩子更加感到好奇或误认为这种做法是罪恶的。更重要的是面对“防不胜防”的现实，您不可能永远“蒙”下去。

“堵”不如“疏”，对孩子放弃“蒙”、“堵”的想法，而对其进行适当的教育和引导，无疑是优秀父母应有的举动。

常见回应

“那是大人的事情，小孩子不要管。”

事物受到的压力越大，反抗力就越强，对待孩子的一些敏感问题，有时候只能采取顺水推舟的方式，稍微改变航向，引开他的注意力就行。如果一味地敷衍孩子，反而会增强他的好奇心。

“小孩子家，瞎看什么，看什么不好，非看这个？”

这样责怪孩子其实是不公平的。孩子走在路上东张西望，本来也是对外部世界的一种了解和学习。看到什么不是孩子的错，孩子有问题要问更不是错。家长应付不了，倒把孩子当成替罪羊，虽然摆脱了自己的困境，却会给孩子带来伤害。

合理解答

“两个非常相爱的人才可以接吻和拥抱，他们用这样的方式表达亲热。

不过，这可不是随随便便就能做的，你明白吗？”

“爸爸和妈妈也亲过嘴，那是爸爸和妈妈表达相互喜欢的一种方式，但是这种方式只能大人使用。”

如果电视里出现性爱镜头，就会令父母非常尴尬。如果孩子问您“叔叔阿姨在做什么”、“他们在打架吗”，为了不让孩子形成错误的印象，建议您可以按照上述方式实话实说，但不必过于具体。

这气球（避孕套）是买给我玩儿的吗？

兵兵在爸爸妈妈的房间里找前几天他刚玩儿过的玩具，但是找了半天也没有找到。最后竟然在床头柜里翻出一个纸盒子，打开一看里面有一串连在一起的小塑料袋。

兵兵好奇地打量着那些小袋子，问正在客厅看电视的妈妈：“妈妈，这里怎么有那么多袋子啊？里面装的是什么呀？”

突然兵兵发现盒子上画着一个气球的模样，而一摸小袋子，里面竟然是光光滑滑的，不禁感叹道：“真的是气球呀！”于是拿着盒子非常高兴地跑进客厅，说：“妈妈，你怎么有这么多气球啊！是买给我玩的吗？”

类似问题

爸爸妈妈那么大了怎么还玩气球呢？

大人也玩气球吗？

解说

避孕套、避孕药以及一些娱乐工具、敏感光盘等父母应该将其置于孩子难以找到的地方，以避免他们过早地接触这些东西。而一旦不小心被孩子发现了这些东西，父母也不应该过分慌张，可以简单解释一下它的作用，告诉孩子这是为了健康才使用的，而且是成年人才能使用的东西。

常见回应

“你怎么乱翻妈妈的东西？不像话！”

斥责只能让孩子更加好奇，他们会在你不在的时候偷偷地翻看。

“孩子，这种气球只能爸爸玩。”

这种回答仍是对孩子进行搪塞，并没有解释那是成人用品。孩子仍会想：为什么只有爸爸才能玩？

合理解答

“宝宝，翻看爸爸妈妈的东西是不对的。因为爸爸妈妈也有自己的空间。你翻看的那些东西是大人才可以用的，它可以防止妈妈怀孕再生小宝宝；你现在用不着，所以，爸爸妈妈把它藏了起来，你可以把它放在原来的位置。”

这一回答在让孩子明白这些东西的作用的同时，也让他明白尊重别人（即使是最亲密的父母）隐私的道理，是一语双关的回答。

“宝宝，那些是成人用品，只有爸爸妈妈才能使用，是爸爸用来防止妈妈怀孕和生病的。”

这一回答告诉了孩子那些东西是什么，又让孩子树立了成人用品只有父母才可以使用的概念。如果孩子年龄较大，父母也可以趁机向孩子介绍一些简单、正确的避孕和性健康常识。

爸爸你为什么欺负妈妈？

早上，品品被闹钟吵醒，他很懂事地自己洗脸、刷牙，但是爸爸还没起来送他，爸爸真懒！品品想着便去了爸爸妈妈的房间。他用手一推，门就轻轻地开了，这时，他看到了爸爸、妈妈正在亲热……

品品生气地冲了进去，大声地对爸爸说：“爸爸你为什么欺负妈妈？”

类似问题

爸爸妈妈在干什么？

爸爸为什么欺负妈妈？

解说

面对孩子的这个问题绝对不要矢口否认，因为这是他亲眼目睹的事实，简单的搪塞或否认，只会引起孩子更大的好奇心。

父母的反应不可太过激烈，否则，会让孩子联想这是一件不好的事，小一点的孩子或许会以为爸爸在欺负妈妈。这时，你可以考虑怎样措辞，要适度让孩子了解一个事实，即父母之间存在着特殊的关系和行为，同时必须让孩子明白这几点。

首先，这是爸爸妈妈相爱的结果，他们这样会幸福。

第二，这是做了爸爸妈妈之后才会有的事情，小孩子太小，不能这么做。

第三，看起来妈妈好像受欺负了，其实妈妈感到很高兴，因为爸爸爱她。

可由和孩子较亲近的一方告诉孩子，消除他的恐惧和疑虑。并且要使孩子在生活中乐见父母适度的亲热行为，如拥抱、接吻、牵手等。但此后父母一定要注意自己特殊行为的时间和方式，避免尴尬场面的出现，不给孩子留下不好的印象。教育孩子尊重父母的隐私时间和空间，在父母休息时尽量不要干扰他们，养成进房前敲门的良好习惯。

常见回应

“谁让你进来的！滚！”

这种场景使父母尴尬、难堪，有些家长通常会在尴尬发生后恼羞成怒，责骂孩子，即使回答了孩子也往往十分粗暴。而这时孩子的问题其实还是存在着，并没有得到解答。

“你妈妈不听话，爸爸教训她！”

“爸爸在帮妈妈做人工呼吸呢！”

父母有时会顾左右而言他，企图对孩子掩饰以避免自己的尴尬。但是孩子并没有消除自己的猜想，他们仍认为爸爸在欺负妈妈，对于父母的亲情也许会受到影响。

合理解答

“好孩子，这是爸爸妈妈相爱的表现，没什么奇怪的。”

父母的亲昵行为被孩子偶然看到，父母一定很尴尬和惊慌，但是，孩子不是成年人，他们并不了解你们在做什么。因此，应该大大方方地告诉孩子，这是爸爸妈妈相亲相爱的表现。但是务必向他们说明，这是有了爱情或是家庭才能做的事情，小孩子不能模仿。

“这是爸爸妈妈相互表达爱的一种方式，爸爸爱妈妈才会这样的，妈妈喜欢爸爸这样的爱抚！这不会伤到妈妈，你不必担心。但是，你不敲门就进爸爸妈妈的房间，这是不对的。”

这种说法向孩子解释了自己的行为，又消除了孩子的担心，同时对于孩子的行为也作了一个评价，能让孩子在了解到事实的同时，对自己的错误行为也有了认知。

专家点评

专家认为，不同年龄段的孩子看见父母亲热时的心态是不同的。

3～4 岁的孩子感到莫名其妙，不知所措，但是并不特别关心。

5～6 岁的孩子觉得好奇，想探究，有的还会假装熟睡，窥视父母，有些孩子会在与玩伴的游戏中效仿。

7～8 岁的孩子常将这种行为视为父亲欺负母亲。

10～12 岁左右的孩子，往往把父母的某些动作和影视中某些镜头联系起来，认为父母是“流氓”。

13～15 岁的孩子进入了青春期，他们看到父母的性行为后，往往在与

异性的交往中模仿，对性进行探究和尝试。

对此，父母应该注意自己性爱环境的私密性，尽量将让孩子看到的可能性减到最小。如果不小心被孩子撞见，不能惊恐失措，更不能粗蛮训斥孩子，而应该表明以下三点。

（1）这是父母之间互相表达爱意的行为，不是爸爸欺负妈妈。

（2）这是成人之间的行为，孩子不能模仿。

（3）父母也有自己的空间，孩子也需要尊重父母的隐私，进房间的时候应该敲门。

第五节　性伦理

一天，对门邻居家5岁的壮壮把甜甜带到他家去玩过家家。两人不但扮起了新郎和新娘，做饭过起了日子，还玩起了生孩子、哄宝宝的游戏。最后，壮壮诚恳地对甜甜说："你把裙子掀起来让我看看你的腿，好吗？"

"不好，妈妈说不能随便掀起裙子让别人看。"甜甜不答应地说。

"你要是喜欢我，就应该让我摸摸。"壮壮一本正经地说。

"我喜欢你，但你不能摸，只能亲亲我。"甜甜扭捏地说。

甜甜小脸绯红地回到家后，跟妈妈说起事情的经过，妈妈吓得目瞪口呆……

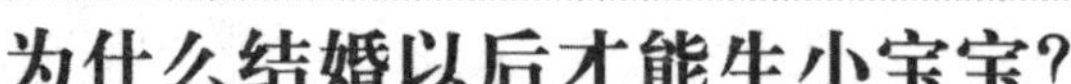

为什么结婚以后才能生小宝宝？

6岁的博博发现幼儿园的老师在结婚以后，肚子渐渐地大了起来，于是回家之后问妈妈："为什么阿姨的肚子那么鼓呢？"

"因为阿姨快要生小宝宝了，所有女人的身体里都有一个特别的地方，叫做子宫。在你出生以前，你就在妈妈的子宫里生长，那时候妈妈的肚子也像阿姨的一样大啊。"

"那为什么结了婚以后才会生宝宝？"博博继续问道。

类似问题

如果我结婚，也会生小宝宝吗？

我要生五个小宝宝，所以要结五次婚才可以吗？

生孩子为什么要两个人呢？

解说

有的时候，孩子的认知力有限，并不容易接受父母所作出的一些“科学性”的回答。因此，不妨以动物或者童话中人物的口吻来描述，孩子会比较容易了解。例如，可以拿孩子喜欢的小动物小猫来向孩子说明。“猫爸爸和猫妈妈也会生下猫宝宝。”

也许孩子还会问道“为什么一定要两个人（猫猫）呢？”这时，只需要坦率地回答：“只要两个人（猫猫）在一起，（猫）妈妈的肚子才会变大，才会生出小宝宝来。”

当孩子问道：“我想要生五个小宝宝，要结五次婚才可以吗？”在这种情况下，孩子并不是在问有关结婚的问题，因此，父母可以明确地告诉她：“只需要结一次婚就可以了。”只要这样回答就足够了。

常见回应

“如果我结婚，也会生娃娃吗？”

“这就不知道了，要看神喜不喜欢了！只有聪明乖巧的人，神才会送给她娃娃。”

“那么，如果我乖巧，就会有娃娃了。”

“是呀！你要好好地念书，当个乖小孩。神会说‘可以给她孩子’，然后会送给你娃娃的。”

这样的回答似乎具有欺骗性。其实，最好是给孩子一个较自然、充满梦想和希望的答复，而并不是告诉小孩“要做个乖小孩，才会送给你娃娃”。其实，可以告诉她：“等到你长大了，嫁了人就可以生娃娃了。”这样的答案很简单，也很充分、有效。

“因为爸爸、妈妈很想要个可爱的娃娃，于是神就把娃娃放在妈妈的肚子里。然后，妈妈就生下了娃娃。”

这样的回答也不是科学的回答方式。生育本来是父母很自豪的一件事，但是因为有些父母害怕尴尬，因此在回答孩子的问题时常常借用“神”的力量，这样孩子仍然会琢磨：“神”是干什么的，跟自己到底有什么关系。

合理解答

“爸爸和妈妈的种子结合在一起，就会开花，生出娃娃来。”

这一回答跟前面讲生命起源问题的回答比较类似，是针对年龄较小的孩子的。

“必须等你长大成人以后，和爸爸一样的人结婚之后，通过你们两个人的共同努力才能生出小宝宝。”

这样回答，一方面给了孩子一个肯定的答复，孩子会对未来充满信心和希望；另一方面，父母也告诉了孩子，生孩子是一件严肃的事情，需要长大结婚以后才能生小宝宝。

专家点评

由于天生的好奇心，绝大部分发育正常的孩子在3岁左右就开始提一些与性有关的问题，进而在四五岁时达到巅峰。他们提问不是要探讨两性关系，只是好奇。对于两三岁的小孩子来说，“我是从哪里来的”、“小鸟为什么会飞”、“小狗为什么长尾巴”似乎是同样性质的问题。所以，家长不需要过分紧张和严肃。

通常情况下，一涉及性问题，中国的父母们总是以一种陈旧的思维方式来应对孩子，尤其是对2～5岁的儿童。每当孩子提出婴儿是从哪里来的这类问题时，家长们通常会以寓言、神话、瞎编的故事，凭空给孩子讲些不着边际的“道理”。其实这样只能让孩子的疑问越积越深，也会让孩子逐渐失去对父母回答的兴趣，继而寻求来自其他途径的答案。父母们必须认识到，如果自己不与孩子谈性知识，总会有人与他们谈及的。一般情况下，年龄稍大些的孩子会把自己听来的一些近似荒谬的性故事讲给他们听。与其让其他孩子灌输不健康的性故事，还不如家长自己给孩子亲自传授一些浅显易懂的性知识。

父母是孩子最基础也是最重要的老师，他们应当是有关性知识的教育者

或传播者。其实，孩子的问题并非是洪水猛兽，父母只要掌握一些技巧，回答孩子的问题并不是很难的事情。

五六岁以前的孩子对于婴儿怎么进入妈妈的肚子或许没有年龄大一点的孩子那般好奇，因此有关性交的解释可以尽量简短。父母应该告诉孩子性交包括怜爱和关怀的概念，并不只是传宗接代而已。不过孩子对这些解释的兴趣并没有想象中那么浓厚，就像一个8岁孩子告诉一位儿童心理医生的那样："我根本没有时间去想人们怎么有小孩的，因为我有好多其他的事要做啊！"

孩子的问题是可以预先想象得到的，所以许多有经验的父母事先会对一些最可预知的问题做公式化的准备，这的确相当管用。我们也相信只要有准备，就不至于不知所措。回答孩子的性提问应该讲究一些原则与技巧。

此外，爸爸妈妈们还要注意，回答孩子关于性的问题尽量明确，不要含糊不清或者支支吾吾。有时候并不是为了让孩子彻底地掌握有关性方面的知识和学问，而仅仅是为了达到满足孩子性心理方面的好奇，使他（她）不会形成错误的性观念和态度。因此回答孩子的问题要简洁，不要扯七扯八。如果你不给孩子一个准确可信的回答，日后他在与其他玩伴交往时，仍然会接触一些此类的信息，而当其他孩子从父母那里得到的知识更加新颖准确时，孩子就很难信服你的答案了，进而会降低对父母的信任。

此外，父母还需要在性启蒙教育中相互配合，做到父母的性教育与孩子的性心理发育同步。

为什么不可以光屁股？

最近，佩佩上厕所的时候总是离得大老远就早早地褪下裤子，一路光着小屁股跑进卫生间。而有时候佩佩还喜欢突然脱掉自己的小裤子，光着小屁股在客厅里扭来扭去。

于是在一次洗澡的时候，妈妈指着佩佩的身上说："宝宝，每个人身上都有非常神秘的地方，而那个地方是不能随便让别人看的，得好好地藏起来。”

“那为什么这里是神秘的地方，不能让别人看呢？”佩佩不解地问。

类似问题

为什么非要穿衣服啊？

我为什么不能露“小弟弟”？

性在孩子眼里是很纯洁的，他们脑子里没有那么多的禁忌，但是，作为家庭性教育者，父母就必须担负起这个教育的义务。

常见回应

“告诉你不能让别人看，你就不要让别人看！”

这种粗暴的强制性教育只能让孩子产生抵触情绪甚至逆反心理，对于性伦理的形成没有什么益处。

合理解答

“其实也没有什么特别的，每个人都有，只是大家都觉得不该让别人看到这里，大家都这样做，于是就形成了习惯。”

伦理本是大家都遵守的一种习惯，因此，从“大家都这样”入手，让孩子比较自觉的形成一种性的禁忌习惯，不失为一种较好的方式。

我为什么不能摸自己的小鸡鸡？

强强4岁半了，一天晚上，强强非常兴奋地跑到妈妈面前，说：“妈妈，你看，我一摸小鸡鸡，小鸡鸡还会撅起来呢！”一边说着一边给妈妈示范，同时嘴里还说着：“而且这样一摸还很舒服呢！”

看着强强的举动，妈妈非常震惊和担心，这么小的孩子就懂得这个吗？这……

类似问题

我为什么不能摸小弟弟的“鸡鸡”？

为什么不能摸下面？

解说

3~6岁的孩子对认识自己或者异性的身体表现出浓厚的兴趣，父母不要大惊小怪。事实上，让孩子们产生强烈的探索欲望的生殖器官，在孩子的心中，只不过是他们身体的一部分而已。

对于这个问题，教育专家凯洛·卡赛博士认为：父母唯一能做的就是保持极度的冷静，而最不该有的反应，就是大惊小怪。因为父母的过激反应，将会使孩子的心中产生一种严重的罪恶感，他们会以为愉悦自己身体的行为是肮脏、可耻的，是非常不应该的，在这种心理作用下，孩子要么压抑自己，要么产生逆反心理。这些结果都不是我们作为父母想要的，不是吗？

最理想的做法是，父母应以积极的心态来接受孩子抚摸自己身体器官来寻找快感的事实，以理解和宽容的态度对待孩子的行为，并给予孩子正确的指导，因为父母正确的反应对孩子的性观念的形成和性发育都起着重要的指导作用，而且这样也能避免一些错误的性误区。父母应该理解这是孩子成长过程中的一个必经阶段，不仅如此，父母甚至还可以通过鼓励孩子对自己身体的探索，来帮助他们了解一些发育知识，但是在这个过程中要把握一定的度。

常见回应

“你怎么那么流氓啊！”

“你害不害羞啊！以后不许再摸啦！”

性以及性器官的罪恶化和妖孽化是一种错误了几千年的愚昧观念，而今天，作为父母的我们如果还这样回答孩子的话，就只能说明我们的无知和悲哀了！

“不许这样！再这样我就揍你！”

“以后不许再摸了，再摸我就打你！”

父母对于孩子的无意识抚摸生殖器官的行为给予过分的关注，甚至用恐吓、打骂的方式来对待孩子的行为，会使孩子对这种行为产生罪恶感以及更多的神秘感，有时不但不会制止孩子的行为，反而会强化这种行为，从而损害孩子性心理的健康发展。

“脏！不要摸这个地方！”

听到父母这样回答的孩子心里会产生什么样的观念呢？“这里是脏的、是见不得人的、是不能摸的！凡与生殖器官有关的活动都是要抑制的，否则便会受到惩罚”，在这种错误观念的引导下，有害的“性心理”便慢慢形成了。有的孩子对于这种从小形成的“性抑制”表现得很强烈，并且很顽固，甚至对将来的性生活造成了很大的障碍——有的女孩出现性冷淡、无性高潮；而有的男孩则出现阳痿等性机能障碍，最后成为一种严重的肉体和精神上的疾病。

合理解答

“孩子，这个地方很脆弱，容易受到伤害，而且在你摸的过程中手上的细菌就会偷偷地跑进去，会对身体不好，下次不要这样了，好吗？”

其实大多时候孩子抚摸自己的生殖器并非是有意识的。有时候他们只是想探究一下自己的身体或者是觉得好玩。因此，看到孩子“手淫”时，父母不要脸色大变，尽量用平和亲切的语言告诉孩子“这个游戏没有意思，你不喜欢”。如果孩子不顺从你的阻拦，还可以通过恰当的引导或者是用玩具、讲故事来转移孩子的注意力，在以后的生活中逐步教育孩子，让他们认识到那样是不健康、不文明的行为。另外，从卫生角度上考虑，父母也应避免孩子摩擦生殖器官的行为，让孩子从小养成每天清洗生殖器、保持清洁的好习惯，避免由于不卫生产生瘙痒，养成抓挠生殖器的坏习惯。

“所有的男孩子都有小鸡鸡，就像人的手和脚一样，是人身体上的正常器官，没有什么特殊的。你摸小鸡鸡的时候会觉得舒服，这很正常啊！因为我们抚摸自己的身体的时候都会感到舒服的，就像我们看到好吃的东西嘴里就会流口水一样，是正常反应。但是，即使那样舒服我们也不能总去玩它，就像我们不能总是站在可口的食品面前流口水一样，养成了习惯就不好了。”

父母应预防孩子从小养成抚摸生殖器官的习惯，而当孩子出现“手淫”的行为时要及时给予科学、正确的指导和纠正。上述妈妈用打比方的方法给孩子进行讲解，孩子不但容易理解，也容易接受和改正。

我能和爸爸（妈妈）结婚吗？

星期日，妈妈带着乐乐去参加同事的婚礼。

当新郎和新娘手挽手踏上鲜红的地毯时，所有的人都热情地为一对新人祝福。

乐乐看着如此热闹的场面，忍不住问妈妈：“叔叔和阿姨为什么要结婚呀？”

妈妈不假思索脱口而出：“想和自己最喜欢、最亲近的人永远生活在一起呀。”

乐乐听了，偎到妈妈的怀里，说：“妈妈，我也想和你永远生活在一起，我也和你结婚好吗？”

“那怎么能行呢？妈妈已经和爸爸结婚了。”

“那在学校里，我和小伟最好了，那我和小伟结婚，可以吗？”

类似问题

我想永远和爸爸生活在一起，我能和爸爸结婚吗？

我能和小伟结婚吗？

我能和我最好的小伙伴笑笑结婚吗？

解说

面对整天与自己生活在一起，与自己最亲密的爸爸妈妈，大多数的孩子都会问这个问题，面对孩子的提问，父母不要采取取笑、嘲讽或者不置可否的态度，而应将问题逐一解剖梳理后，再把正确的答案完整地灌输给孩子。这个过程也是孩子接受知识的一个良好机会。如果不分青红皂白就一棒子将孩子的问题打死，受伤害的不仅仅是孩子的自尊心，而且孩子的求知欲也会从此衰减，甚至丧失。

作为家长，应鼓励孩子大胆提问，欢迎他们的探索行为。而对于孩子的一些错误提问或者想法，也恰好是父母教育孩子的最佳切入点。对于孩子关心的问题及时给予回答，而对于孩子的错误观念，父母要及时给予指导和纠正，以便于孩子在增长知识的同时，形成正确的人生观和价值观。

常见回应

“爸爸妈妈想结婚所以就结了啊！”

父母的这种回答给孩子一种“结婚是件很随便的事”的感觉，容易影响、导致孩子将来长大后，对恋爱以及婚姻抱有随便玩玩、不重视的思想及举动。

“你想跟爸爸结婚，那不是乱伦吗！”

在孩子幼小的心中，并没有伦理的概念。父母的训斥只会增加孩子的罪恶感，而面对孩子的问题以及想与爸爸妈妈永远生活在一起的渴望，父母只需告诉孩子近亲不能结婚的道理，对于孩子对父母的爱给予肯定即可。

“想和妈妈永远生活在一起，那你就一辈子守着妈妈吧！”

如果你想纵容或者放大孩子的恋母情结或者恋父情结，这无疑是一种很好的回答方式！如果你不希望孩子成为一个有心理偏差的人，给孩子正确的伦理认知是最好的选择。

“胡闹，你这么小整天想什么呢？”

孩子喜欢一个小朋友并没有什么错，他们只是在探索与别人交往的方法，并不理解“恋爱”、“结婚”等这些词的真正含义。父母这样将孩子的探求行为强行终止，那他们什么时候才能正确理解恋爱、结婚的实质呢？

“你这不是小流氓吗！”

父母的过激反应非常容易对孩子的心理发展产生消极影响。看到父母的反应后，孩子会认为性是罪恶的，从而在一定程度上干扰他们日后建立爱情和亲密关系的能力。

合理解答

“爸爸和妈妈本来是两个相互不认识的人，后来有一天爸爸和妈妈相识了，妈妈很喜欢爸爸，爸爸也很喜欢妈妈，于是我们便开始谈恋爱了。经过长时间的培养感情，爸爸和妈妈都很爱对方，并且我们相互关心、相互帮助、相互体谅，我们在一起有说不完的话，最后谁也不愿意离开谁，就想永远生活在一起，于是爸爸妈妈便结婚了。结婚啊，是人生中的一件大事，一定要找一个彼此相爱的人结婚，那样才会幸福。你看爸爸妈妈现在不是很幸福吗？因为我们俩一直很相爱，并且一直相互关心，相互体谅。”

父母这样回答孩子其实就是在情感上给孩子以正确的引导，帮助孩子建立健康的婚姻价值观，让他们从小对恋爱、婚姻的幸福以及做出那些行为应负的责任有一定的认识。这些看似不经意的回答，对孩子长大后正确处理自己的情感问题都会有很大的帮助。

“宝宝，妈妈现在告诉你：人是不能和自己的亲人结婚的，包括与自己有血缘关系的长辈、爸爸妈妈、兄弟姐妹、表兄弟以及表姐妹，那样的婚姻叫做‘近亲结婚’，从伦理道德上讲是不允许的。不但如此，近亲结婚生出的孩子也容易得一些遗传疾病。”

借助一些机会或者在适当的时候给孩子讲一些伦理观念以及约束社会人际关系的行为规范，使孩子从小建立正确的伦理道德观念，不要等发现问题的时候再后悔。

“爸爸和妈妈因为很相爱，所以结了婚，然后就生下你。爸爸是很爱你的，但这和爱妈妈是不一样的。等你长大以后，也可以和自己喜欢的人结婚啊。”

告诉孩子父母与孩子之间的爱和父母之间的爱是不一样的，不是随便两个人相爱就可以结婚的。

“你和小明很好，但是并不表示就要和他结婚啊。只有两个彼此相爱的人才能结婚，就像爸爸和妈妈一样。而且相爱需要经过长时间的考验，需要彼此付出很多的努力，在双方都有能力结婚的时候才能结婚。而现在的你呢，还没有真正了解什么是‘爱’，等你长大了，知道什么是‘爱’了，你会碰到一个你喜欢的人恋爱、结婚的。”

给孩子讲解爱和喜欢是两种不同程度的亲密关系，还可以给孩子讲述爸爸妈妈谈恋爱以及结婚的经过，用父母具体真切的事例使孩子心中模糊的认知变得清晰、形象，并告诉孩子对待自己喜欢的小朋友应采用的正确的方法，例如：帮小朋友学习、送小朋友玩具等。

“你是男孩，只能和女孩子结婚。将来你会和一个你最喜欢的女孩子结婚，当然，她也得最喜欢你才行哦。”

从小教育孩子，使之形成正确的婚姻观，将有利于孩子将来正确的恋爱和婚姻的形成。

专家点评

性教育其实包含两个方面和层次的问题，一是性知识，这很容易了解；二是性规则，也可以称为性道德、性伦理。性知识的培养许多父母都注意到了，性道德的培养许多父母却没有那么注意，其实，这一被忽略的部分更为重要。

许多父母也许会感叹于当前的年轻人性观念的开放，也会对出现的种种的性问题表示不满和鄙夷，但正是上一代人对于性的教育没有做到位，才出现了下一代的诸多问题。

对于这一问题，父母必须明确地告诉孩子一些观点，例如性是建立在爱情与尊重的基础上的，是重要的事情，需要认真对待等。

- 第一节　我们的身体
- 第二节　成长 · 衰老 · 死亡

第二辑

身体 · 成长 · 衰老与死亡

孩子所寻求和理解的知识，随着他们的成长而有所改变，知识的起点，也是对身体的认知。在一开始让孩子认知他们的身体时，就该直接而坦诚，并且保持一贯的说法；而后在孩子日渐长大的过程中，你再逐渐把更复杂的过程详细叙述给他们听。经过这种方式的培养，孩子对身体就能有坚定而持续的认知基础。

第一节　我们的身体

唐唐从幼儿园回来后，妈妈问他，“唐唐今天学了什么啊？”

唐唐回答：“老师真是讨厌，我不知道‘5＋4’等于几他还是让我算！”

“这样啊！”妈妈笑了，“唐唐，你看妈妈的手，左手一共是五个手指头，加上右手的四个手指头，你数数，一共是几个？”

“九个！”唐唐很快数了出来。“我明白了，妈妈！但是，妈妈，人为什么一只手有五个手指头呢？”

眼睛是用来做什么的呢？

3岁的小雯比较内向，很怕生。有一天，她家来了很多的木工，帮忙装修房间。看到这些木工，小雯非常害羞。因此，尽可能不露面，躲了起来。可是，无论如何，一天之中也要和这些工人见到数次。这时，小雯想，最终的解决方法就是和工人碰面时，站着不动，把眼睛闭起来。这时，工人就会不见了。妈妈不理解她的想法，就问道：

“像你这么做，工人叔叔还是会看到你呀！”

小雯回答道：“可是，我闭上眼睛，叔叔就不在了呀！”

妈妈于是向小雯解释：“雯雯，眼睛闭上以后工人叔叔还是站在你的眼前，只是你看不到了而已。”

“那眼睛是用来做什么的呢？”小雯有些疑惑了。

类似问题

人为什么要长嘴巴呢?

鼻子都有什么用呢?

解说

也许会有好多妈妈认为，这么做似乎太过孩子气，以自己的感觉为主，认为感觉不到的就等于没有。但是在笔者看来，四五岁的孩子对自身的想法都是正常的，甚至都是值得鼓励的。

其实在孩子问问题的同时，父母也可以反问孩子问题，让他们有机会思考。这时，你会很意外地发现以前从未曾发觉过孩子的另外一面。

反问孩子的时候，可以引导孩子得到正确的答案。有时候，孩子会有很多非同一般的想法，令人感到佩服。

常见回应

“我不是给你讲了吗？眼睛是用来看东西的，你怎么老是不明白呢！”

在与孩子进行交流的过程中最忌态度粗暴。有的时候，孩子不明白只是因为他们与成年人的思维方式不同，或者说还不成熟，因此父母务必耐心。

“你这是唯心主义，眼睛闭上东西还在，他是一直存在的，不是说你一闭上眼睛就消失了。”

父母与孩子是教育者和被教育者，是施爱者与受爱者，而不是辩论者，因此，父母不能与孩子“理论”——他还是个孩子，只有未知的世界和一些体验，并没有多少的理论知识。

合理解答

“眼睛是用来看东西的。闭上眼睛就看不到了，但是东西还在。不过你还可以想想，眼睛还能用来做什么啊？”

父母可以通过和孩子做游戏的方式，告诉孩子眼睛的用途。父母让孩子通过亲身体验感知到了眼睛的作用，纠正了孩子的错误认识，同时，父母还对孩子的发散性思维进行了鼓励，让孩子举一反三，了解到生活中的种种现象。

妈妈，我的血管为什么是紫色的？

3岁的宇宇洗完澡后，看到自己手臂上的血管，一边指给妈妈看一边问："妈妈，你快看，我的血管为什么是紫色的呢？"

类似问题

我的头发为什么是黑色的？

我的嘴唇为什么是红色的？

解说

三四岁的孩子眼里充满着好奇。他们面前的世界和自身都给了他们无限的遐想空间，这时候他们最容易提出一些关于自身的问题，而能提出问题的这一时期也正是他们的思维发展最快的时候。所以，父母要给予耐心回答，不会回答的，也要注意与孩子交流的方式。

常见回应

"这个嘛，是血管，也就是我们的血流经的通道，就像下水道里面的水一样。"

其实，对于3岁的小孩子而言，要向他说明下水道中的水以及它们之间的关联，孩子是不太容易理解的。比喻本来是向孩子解释问题的一种好方法，但是要注意比喻必须是通俗易懂的。这种比喻没有注意到孩子的年龄与相应的认知力，他们或者不理解，或者继续进行追问。

"本来就是紫色的啊，你问这么多干什么？"

这种简单式的回答是最易打消孩子积极性的回答，这样的话，孩子的问题会越来越少，最终阻碍孩子的身心成长。

合理解答

“我们的身体里有很多的血。这些血把各种营养还有氧气运送到需要的地方去，同时呢，把身体的一些垃圾运走，那些带着垃圾的血液颜色当然不好看了，呈现暗红色，透过表皮来看，就是紫色。你真不错，还能注意到这个问题呢！”

这种回答方式就比较好，一方面科学地解释了这个问题，另一方面又夸奖了孩子，对孩子提出的问题进行了肯定。孩子在父母的这些鼓励下，会拥有更大的求知欲，从而获得较大的发展空间。

为什么奶奶的牙可以拿下来?

4岁的蓝蓝跟爸爸妈妈到奶奶家吃饭，吃完饭后蓝蓝看到奶奶把假牙拿了下来，感觉很惊奇，回家后她偷偷地问妈妈：“妈妈，为什么奶奶的牙可以拿下来呢？”

类似问题

为什么叔叔有一颗闪闪发光的牙？

为什么爷爷的头发可以摘下来？

解说

孩子的眼睛是清澈的，他们常常能注意到大人无法发现的一些问题，然后向父母“发难”。其实，这些时刻往往是亲子沟通和培养孩子身心发展的好机会。上面的问题就很好，父母可以趁此机会，让孩子注意对牙齿的保养。

还有，小孩子看到大人把假牙拿下来时，会留下深刻的印象。因此，最好是耐心地给予回答。

常见回应

“奶奶小时候贪吃，也不刷牙，所以年龄大了之后牙齿坏了，不能吃东西，只好用假牙。”

这种回答乍一看挺符合道理，但是实际上，这样回答的父母却忘了使用假牙的是自己的长辈，这种口吻容易让孩子觉得父母也不尊重长辈，实在是“捡了芝麻，丢了西瓜”。孩子的心灵是纯净的、每天都在成长，所以，父母务必注意自己的言行，避免在孩子的心里种下不良观点和不良习惯的种子。

合理解答

“那是假牙。人年纪大了以后，身体和牙齿比较容易坏。所以就用假的牙齿来咀嚼东西。但是假牙戴起来非常不舒服，也不如真牙结实耐用。不信，你去问问奶奶是不是这样！所以，小时候，不要吃太多甜食。睡前、饭后要好好地刷牙、漱口，从小就注意保养牙齿，那么即使到了奶奶这样的年纪时，也不需要使用假牙。”

这种回答首先给了孩子一种答复，然后进行分析（此间还调动了孩子的积极性），最后给出建议，是一种回答孩子问题较好的方式。

耳朵里面有什么啊？

妈妈帮4岁的琦琦挖耳朵时，琦琦突然问道：“妈妈，耳朵里面到底是什么样子的呢？”

“耳朵里是一条又长又暗的通道，通道与鼓膜相连。”

“那鼓膜长什么样子呢？”琦琦继续问道。

类似问题

肚子里到底有什么？

鼻孔里为什么会藏鼻屎呢?

解说

自己的身体是孩子好奇与发问的源头之一。而父母应该鼓励这种发问，并在耐心解答的同时教育孩子养成良好的生活习惯。

常见回应

“这个妈妈也不知道，等你长大了，上中学学生物的时候就知道了。”

孩子的问题不能回避，即使父母一时回答不出来，也应该给孩子一个确切的、可以等待的时间，并在约定时间内给予孩子比较信服的回答。

合理解答

“我们一起来看看这本书，好吗？”

孩子在4岁时，好奇心特别强。在回答孩子的问题时，可以翻开图册，提供更多的相关知识。父母可以在家中备一些介绍有关人体器官、自然现象、家庭关系等知识的书籍，如果孩子问到，就拿出来亲子共读。

“你看，就如书上所说的一样，耳朵就像隧道一样，非常暗，里面有鼓膜。这鼓膜就像一张薄薄的纸。当别人讲话时，声音传进耳朵，鼓膜会震动，我们就会听到别人在说话。万一鼓膜破了，那么就听不到声音了。所以要非常重视耳朵，不可以自己挖耳朵。”

在书上看到解剖图的同时，再让孩子看看刚才提到的“幽暗的通道”。因为太暗，这时妈妈可以用手电筒照自己的耳朵，让孩子看看。然后，就可以像上述那样告诉孩子。

为什么会有指甲?

妈妈在帮5岁的贝贝剪指甲，而贝贝呢，则急着想到外面和小朋友玩耍，于是有些不耐烦地问妈妈："人为什么会长指甲呢？长了指甲，还要剪，多麻烦啊！"

类似问题

我们为什么会长头发呢？

身上为什么会长毛？

解说

孩子常会给父母出难题，提出一些在父母看来是"常识"、"真理"的问题，且常常让父母猝不及防。而此时，父母可以采取反问的方式，初步缓解当时的困窘局面，亦可锻炼孩子的自主思维，千万不可断然予以拒绝。

常见回应

"这是常识，你见过哪个人没有指甲，以后这样的问题不再要问了！"

从某种意义上说，成长的过程便是发问的过程，上述父母的回答无疑在阻碍着孩子的正常成长。即使是常识和公理，也需要父母耐心地给孩子解释，一般来说，孩子对于这类问题，一旦你给他解释清楚了，他就不会问你第二遍。

合理解答

"那贝贝想想为什么会有指甲呢？"

"如果没有指甲就会滑，可能是为了要抓东西吧！"贝贝答道。

正是因为母亲的反问，孩子才有了进一步思考的机会，因而有这么好的回答。这时，妈妈应该褒奖孩子说："宝宝真了不起，就是这么回事。"然后，妈妈还可以继续鼓励孩子："我们再来想一想，指甲还有其他的作用吗？"

"因为有了指甲的保护，我们的手指就不会受伤，我们还可以用指尖用力，把东西撕开，拿铅笔、做家务、缝衣服。”

在孩子容易理解的情况下，举些例子来说明。接着，还可以追加说明“当指甲变长后，很可能会划伤自己或者小伙伴。所以当你的指甲长长了，就要让妈妈帮你剪短。等你再大一点，还要学会自己剪指甲。”

专家点评

孩子对世界最初的认识是对自己身体的好奇。他们可能会产生这样或者那样的问题——而这些问题在成人看来都是“理所当然”的。但是对这种理所当然，父母仍要给予孩子耐心、科学的解释。与性问题相比，这类问题不那么敏感，父母如果事先了解一些这方面的科学知识，只要耐心地对孩子进行解答，并不困难。

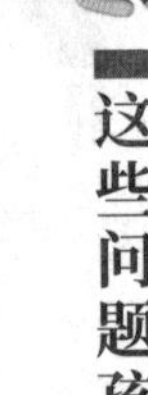

我为什么会生病？

这天晚上，3岁的娟娟生病了，发烧到39度。爸爸妈妈急忙把她送到医院的急诊科。急诊科的医生经过诊断之后，告诉娟娟的父母，孩子是患了重感冒，需要进行输液治疗，于是把他们安排到1号病房。在病床上，娟娟望着输液管正一滴一滴地滴着药水，好奇地问妈妈：“我为什么会生病呢？”

类似问题

人为什么会发烧呢？

生病可不可以不打针？

人为什么会死呢？如果人能永远活着就好了！

解说

生、老、病、死的概念对3岁的孩子来说太抽象了，而这类问题，父母也很难用一两句话解释清楚。对这样的问题，父母不妨用孩子能够理解的方式，比如，用举例子的方法，进行简单的解释。待孩子年龄大一些之后，自然就会逐渐了解生、老、病、死的本质。

常见回应

“每个人都会生病，这是自然规律！”

生、老、病、死是任何人都无法逃避的自然规律。对这种问题，父母如果用一句“这是自然规律！”就将孩子轻轻打发，孩子会更加疑惑，因为“自然规律”对幼小的孩子来说实在是太陌生了。

合理解答

“因为空气中有许多脏的东西，比如细菌，这些东西如果吃到肚子里，人就会生病了”，此时还可以配合对孩子进行讲卫生的教育。比如，父母可以进一步解释：“如果你不注意锻炼，不注意休息，不注意补充营养，身体就没有抵抗力，这样一来，人就更容易生病了。”

专家点评

向孩子解释“人为什么会生病”这种问题，需要尽量用简单的语言和方式，让孩子能够顺利地理解。这样的问题，如果解释得好，也会帮助孩子养成讲卫生的好习惯。

近视的人为什么要戴眼镜？

7岁的芳芳刚上小学。开学第一天，学校发给学生新课本。芳芳回到家，就躺在床上，迫不及待地翻开课本看着。

“芳芳，不要躺在床上看书！”妈妈提醒说。

“躺在床上看比较舒服嘛！”芳芳说。

“躺在床上看书，眼睛会近视！”妈妈说：“这样以后你就要戴眼镜了。”

芳芳听了以后，急忙从床上爬起来，说："为什么近视眼要戴眼镜？"

类似问题

近视眼能治好吗？

近视眼是一种病吗？

解说

"近视眼为什么要戴眼镜"这样的问题比较容易解答。不过要想清楚地解释眼镜的工作原理，恐怕就不那么容易了。

常见回应

"眼镜可以帮助近视眼患者看清东西"。

这样的回答，等于没有回答。因为当父母回答完之后，孩子肯定还会有一堆问题等着父母——"为什么眼镜能帮助近视眼看清楚东西？"、"近视眼是一种病吗？"、"近视眼可以治疗吗？"

合理解答

"眼睛的原理就像一部照相机，可以把外界物体的形象，投射到视网膜上。而近视眼的人，无法把物体的形象清晰地聚焦在视网膜，结果导致远处的东西看不清楚，只能看清近处的东西。而眼镜就是通过光学原理，帮助人们把物体的形象清晰地聚焦在视网膜上，从而看清东西。"

父母可以一边回答，一边用笔画出眼睛的成像原理，帮助孩子理解近视是怎样产生的，眼镜又是如何矫正视力的。

专家点评

画图也是一种解释问题的好方式，可以让孩子印象深刻。

为什么鼻子能闻出各种气味？

红红感冒了，鼻子堵得很难受。妈妈为她做了一桌子她最爱吃的饭菜，可是红红几乎闻不出饭菜的香味。她郁闷地问妈妈：“为什么我闻不到香味了呢？”妈妈说：“因为你感冒了，饭菜的香味无法进入你的鼻子啊。”红红又问：“那为什么鼻子能闻出各种气味呢？”

类似问题

为什么舌头能尝出各种味道?

解说

孩子时常会对自己五官的功能产生疑问，父母应该鼓励孩子问这样的问题，让孩子从小注意爱护自己的五官。

常见回应

“因为鼻子的细胞对各种气味敏感。”

合理解答

“鼻子是人类的嗅觉器官，在人类鼻子的里面，有一块区域还有大量的嗅觉细胞。人们吸气的时候，空气中含有气味的微粒到达嗅觉细胞，嗅觉细胞便通过神经，将气味信息传递给大脑。大脑再对气味的种类进行分辨。据说，正常人的鼻子能够分辨4000种不同的气味，而一个训练有素的人，可以分辨出1万种不同的气味。”

专家点评

通过这个问题，将鼻子、神经以及大脑的关系解释清楚，对于孩子理解人类是如何感受外界刺激是很有帮助的。

第二节 成长·衰老·死亡

妈妈从幼儿园接棠棠回家，半路上正好看到小区内的李奶奶过马路。于是妈妈让棠棠扯着自己的衣服，妈妈则扶着李奶奶慢慢地过马路。

棠棠看着脸上布满皱纹、背驼得很厉害的李奶奶，感到很害怕，忙拉紧了妈妈的衣服，偷偷地说："妈妈，老奶奶好可怕呀！"

妈妈轻轻抚了一下棠棠的脑勺说："棠棠别怕，李奶奶只是老了。"

棠棠不解地问："人老了都会变成这样子吗？"

"每一个人都会从小孩子长成大人，再从大人变老，懂了吗？"妈妈回答。

棠棠紧紧抱住了妈妈的胳膊："太吓人了，我不要变老，好吗？"

我长大以后，会变成什么样子呢？

5岁的姗姗在和妈妈一起看电视，看到电视节目中漂亮的电影明星，姗姗问道："妈妈，我长大以后会变成什么样子呢？会不会像她一样漂亮呢？"

类似问题

我长大了会像明星一样漂亮吗？

我会长得像爸爸这样帅吗？

我长大了不会像那个人一样丑吧？

解说

也许孩子与别人比较时发现了自己的不足，而感到有些自卑，或者是孩子看到别人的优点，而感到一些羡慕。事实上，5岁的孩子已经开始设想、幻想自己的未来了，在这方面，父母千万不能让孩子有悲观的念头，要鼓励孩子，让孩子对未来充满希望。

常见回应

“妈妈怎么知道你能长成什么样子呢？”

孩子对于未来的渴求是正常的，父母不要打击孩子的这些良好的愿望，应尽量鼓励他，让他在成长面前充满信心。

“该变成什么样就变成什么样。”

“你现在什么样，以后就会变成什么样子。”

孩子对未来一般抱有幻想，父母不要对孩子这些幻想予以打击，而要温和地给孩子以希望。

合理解答

“你是小公主，当然长得像小公主一样啦！”

“长大以后，大家都会改变，就像妈妈一样。”

当孩子发问的时候，要仔细地观察孩子的行动、行为以及当时的情形和前后关系等，然后再回答，这是非常重要的。在上面的故事里，孩子问这些是因为她注意到了自己的皮肤有些黑，而不是像电视里的明星一样白白嫩嫩，因此孩子想从父母那里寻找安慰。而父母此刻就要告诉孩子这样一个道理：事情是变化发展的，每个人都有成长的机会，都可能变得更漂亮。

我为什么要长大啊？

4岁的男男一不小心打破了碗，妈妈刚一说他，他就哭起了鼻子，于是妈妈便对他说：“像你这样动不动就哭，怎么成为堂堂正正的男子汉啊！”

于是男男问爸爸：“真讨厌，我不想成为大人，是不是可以不要成为大人呢？”

类似问题

成为大人有什么好的呢？

我不想长大，可以吗？

解说

在孩子成长的道路上，这个问题也经常被孩子提起。在孩子看来，小的时候可以贪玩、享受父母和其他人的照顾而不必付出什么，这些都是很惬意的，而他们眼中的大人们整日忙忙碌碌，却很少有时间去玩。所以他们的小脑袋中可能会生出这样的念头：做大人不好，最好能一直不长大——“我要拒绝长大”。其实，这也是父母培养孩子的一个困境。每个孩子都必须明白自己要长大，并担负起大人的责任，目前没有多少责任是因为他们还未成年，就可以不担负这些责任。

关于此问题的教育是至关重要的。从心理学上来说，孩子的动物性更强、更自我中心一些。而在其成长的过程中，父母就要主动地向孩子传输责任、义务、付出等这些更为“成年”的观念，以促使孩子的心智发育成熟，使其不至于变成自私、狭隘、没有付出与合作精神的人。

常见回应

“这是不可能的。不论任何人，一旦时间到了，不想变为大人也要变为大人。”

这位父亲在回答4岁孩子的问题时，未免显得过于严肃。这时候，其实应该考虑到孩子的心理，要让孩子对未来抱有希望。

“你担心什么？爸爸又不是要你现在马上成为大人。”

对于孩子的忧虑，父母要给予关心和安抚，一味地斥责只会加重孩子的忧虑。

合理解答

“长大以后，必须要做很多事，所以就要从小学习很多技能，这样长大就会了。但是，你距离长大还有很长的时间，所以现在你不用太担心。”

像这样告诉孩子就很好。对于成为大人，孩子可能在心理上有很多的负担，这时还可以采用我们提到的常用的方式——试着反问孩子：“为什么不想成为大人呢？”问孩子的感觉，除了可以帮助孩子消除相关困扰外，也可以借此给予孩子较适当的回答。

“成为大人也很好啊，你会有更大的力气和能力来帮助别人，会懂得好多好多的知识，还可以自己挣钱花，这多好啊！那时候，爸爸妈妈也会很高兴的。”

这样的回答会让孩子对未来充满期望，同时这种回答也给了孩子一些责任感、付出感的意识，不失为一种回答问题的好方法。

妈妈会不会变成老奶奶？

晚上，劳累了一天的妈妈躺在沙发上休息。

4 岁的洋洋依偎在妈妈身边问道：“妈妈，你会不会变成老奶奶呢？”

类似问题

爸爸妈妈也会变老吗？

妈妈，你可以永远这么年轻漂亮吗？

爸爸将来也会像那个老爷爷一样吗？

我不想变老，可以吗？

解说

这个问题其实需要考虑孩子提出问题的背景。孩子可能看到妈妈很累，很憔悴，就担心妈妈会很快变老。对此，父母应给孩子一个比较确切的时间概念。

常见回应

“大概是在你上大学的时候吧。不过，如果你总是很顽皮，一直让妈妈烦心，妈妈可能会更早地成为老奶奶。”

其实，孩子的意思是怕妈妈过早地变老，心里非常害怕，他的出发点是好的。他希望妈妈更有活力、更有精神。另外，妈妈回答问题时用“在你上大学的时候”这种说法也是不确切的。

“没办法，这是自然规律呀！谁也逃不掉的。”

生老病死的问题其实太过沉重，成年人尚不能完全承受，孩子稚嫩的心灵更无法担负。这样回答，会让孩子觉得未来一片黑暗，甚至对于未来产生一种恐惧感，更会本能地拒绝长大、拒绝变老。这样，一方面没有得到理想的答案，另一方面也会变得消沉。

“妈妈也不明白，回家问问爸爸吧。”

如果妈妈回家后和孩子以及爸爸一起来探讨这个问题效果会很好，但是如果妈妈将此作为借口逃避的话，孩子会感到失望，并认为父母不守信用。而他们对于此问题还会从别的渠道寻求答案。

合理解答

“没事的，妈妈不会那么快就成为老奶奶的。妈妈今天稍微累了一点，休息一下就会好的。谢谢宝宝对妈妈的关心。”

这么回答孩子，孩子很快就不会担心了。而且，父母常常对孩子的鼓励会让孩子觉得父母很爱他，会促进亲子关系的融洽。

“等你长大后结婚，也生了一个像你这样可爱的小宝宝后，妈妈就会做奶奶了。那时候，你的小宝宝就会叫我‘奶奶，奶奶’啦。不过那还要等上十几年呢。”

几乎所有的孩子都会希望母亲年轻又美丽。他们并不希望母亲有像奶奶一样满是皱纹的脸，一个憔悴的母亲并不是孩子所期望的。因此，应该告诉孩子，自己要变成老奶奶还很早，孩子就会得到安慰了。

“宝宝，来，看看花园里的这棵树，这是桃树。你看，一粒树种子发芽了，这就是出生；树苗慢慢长大，变得高大挺拔、枝繁叶茂，这就是桃树的青春和壮年；它偶尔也会生虫子或者叶片变得枯黄，这就是生病；后来，树上结出了桃子，这些桃子的核也会发芽生长成新的小桃树，这就是它们在养育后代；到后来，树皮越来越粗糙，枯枝也越来越多，这是它变得越来越老了。而这时，越来越多的小桃树们却长大了，他们比自己的树爸爸树妈妈更加高大茁壮，它们需要更多的地方生长。这时候老树就会枯萎，它们把地方让给小树们，自己变成肥料，进入泥土中，哺育着小树。爷爷奶奶、外公外婆就是这样养育了爸爸妈妈，爸爸妈妈也会这样养育宝宝。你想想，是不是应该尊敬爷爷奶奶、外公外婆还有爸爸妈妈啊？”

这种通过比喻的方法，形象地告诉了孩子成长、衰老的全过程。衰老、死亡也是一种正常现象，不必恐惧；同时还会告诉孩子，衰老是一种奉献，是让生命得以延续和辉煌的前提。这一教育方式，无疑让孩子在得到答案的同时，还会对老人油然生出一股尊敬之情，可谓一举多得。

“宝宝，我们上次看的那本书你还记得吧。人的身体是由很多细胞构成的。这些细胞不断地复制新的细胞，而旧的细胞就不断地老去了——就像你的皮肤老是有一些死皮啊什么的。就这样，我们的身体逐渐地长大。但是，年龄大了以后，细胞就不那么有活力了，它们生长新细胞的力量就逐渐变弱了。这时候，老细胞也就会越来越多，于是，人也会变得衰老了，皱纹越来越多，力气越来越小，头发也会白的，更容易得病。如果有一天，体内的细胞不再生长和活动了，我们的身体就会停止运转，而死亡就来临了。但是如果我们经常运动，吃饭睡觉又比较规律地话，这些细胞的活力就会增强，人就能老得慢一些。所以，要从小养成运动和按时休息、按时吃饭的好习惯。当爸爸妈妈不注意时，宝宝也可以提醒我们哦！”

这是一种科学型的回答方式。对于较大的孩子而言，他们已经初步了解了人体的一些科学知识，因此，对他们讲述一些具体的成长科学，他们也会理解的。同时又教育了孩子养成一些好习惯，让他们以积极乐观的心态、有益身心的运动，来增强身体的机能，延缓衰老的到来。

为什么我们好久没去看望爷爷了呢？

我们好久没去看望爷爷了，要见爷爷的年年忍不住问爸爸：“我们怎么还不去看爷爷啊？”

爸爸告诉他：“宝宝，爷爷去世了，我们看不到了，他也不能来看我们了。”

年年好奇地问：“爸爸，什么是去世呀？”

类似问题

奶奶为什么那么长时间不来看我呢？

外公去了哪里？

为什么外婆躺在那里不说话也不动，外婆是睡着了吗？

爸爸妈妈也会死吗？

我什么时候会死啊？

解说

很多孩子最初了解死亡是从《狮子王》之类的电影中得到的。当孩子看到辛巴的父亲穆法沙一动不动地躺在山谷里，辛巴在一边悲伤地站着，孩子这时候也许会向你发问：“辛巴的爸爸怎么了？”这时候你可以举一些自然界其他的例子：如树叶由无到有，由绿变黄而后凋零。或者你也可以将你的解释更具体些：“当某种生命已经结束，他不会再有感觉，不会感觉到饥饿、炎热或寒冷；他不会再移动，不会再走路、呼吸、说话和吃东西。”

相对电影来说，书里的情节更容易被孩子领会。当书中的某个角色死掉了，这是一个与孩子交流“死亡”的好机会。你可以试着问他：“你知道‘死亡'是什么意思吗？"

假如你已经与孩子谈论过死亡，那么孩子就更容易理解身边的人已经逝去是怎么回事了。

不过，孩子在5岁以前是很难真正理解死亡的含义的，它们对于死亡的感知也是很表面化的。但是这种表面化对于孩子的心灵却是一种保护作用。所以，父母不要让孩子过多地思考这些父母尚无法真正弄懂的问题。

常见回应

"人老了都会死，爸爸妈妈和你也不例外。"

由于孩子还缺乏有关时间的概念，从一个幼儿园孩子的视角来说，一个初中生就已经"很老"了。因此，当孩子问及父母是否会死的时候，父母若回答"老了就会死"，会让孩子觉得死亡离自己的亲人很近，他会对死亡很恐惧，担心失去自己的亲人。

"爷爷走了。"

"他睡着了。"

这些回答有些含糊不清，孩子会觉得爸爸妈妈没有真正回答自己的问题，还会从别的途径进行了解。此外，有心理学家指出，不要将死亡描述成睡着了或长眠不醒。如果你这样做一定会造成孩子的睡眠障碍，使他不能很好地入睡或者害怕睡眠。

"爷爷去天堂了，生前做好事的人死后都能进天堂的，那里很美很美；坏人就进不了天堂，只能进地狱。"

这样回答乍一看很好，既满足了孩子的好奇心，还让孩子日后能"向善"。但是事实上，这种回答却更阻碍了孩子的心性发展。因为孩子日后在学校中、书本里会受到种种科学的教育，当学校的教育与家庭教育出现冲突时，孩子就会对父母的教导产生怀疑乃至抵触了。所以，回答问题时，要考虑孩子日后的发展，从一开始，就给予孩子正确、科学的回答。

"死了就是死了，什么也做不了了。"

孩子的心灵是稚嫩的，尽管上述说法比较科学，但是语气却如斥责孩子

一般。与孩子交流不仅需要正确的语言说服，亦需要语气、姿势的和缓舒坦，让孩子觉得和爸爸妈妈交流、向爸爸妈妈提问是有意思的、能得到结果的。

“小孩子别问这么多。”

一般来说，由于孩子的心智还未发育完全，因此父母最好不要主动向孩子说起死亡的事情。但是，一旦孩子问起，父母也不能逃避、推诿或以含糊不清的语言敷衍了事。因为孩子的心性是对越不知道的东西越是好奇，父母不跟他正面讲，他会因此更好奇，在通过别的方式了解到死亡的含义时，会感到恐惧或者认识出现偏差。

因此，当孩子问到时，必须正面回答，但是，父母对此问题应该点到为止，满足了孩子想知道的东西后就可以立即结束谈话。

合理解答

“爷爷去了一个很远的地方，但我们现在还去不了。”

在孩子很小、对衰老和死亡还没有什么概念的时候，这种回答起码会给孩子一个安慰。但是如果孩子大了，或者是孩子喜欢刨根问底，那么还是正面的回答较好。

“去世就是说永远离开你了。爷爷年龄大了，年龄大了就会去世的。但是你也不要太悲伤，因为爷爷是微笑着离开你的。”

在孩子问及死亡的问题时，父母首先需要客观地告诉孩子人老了都会死的，但是也要给孩子这样一种意识：死亡距离我们还很遥远，我们还会相处好长一段时间。这样就会使孩子觉得时间还很长，不会因为受到死亡威胁而焦虑不安。

专家点评

孩子在成长过程中，生老病死都是需要面对的重大人生问题。但是，这些问题有些父母尚不能完全明白，更何况一个几岁的孩子。因此，在面对这些问题时，父母更应该小心翼翼。一方面不能打消孩子渴求答案的积极性，另一方面又不能让孩子背负过重的心理负担。

父母首先要培养积极乐观的人生观，才能以正确的语言和行为方式引导孩子们面对这些人生难题。在面对此类问题时，要在衡量孩子的认知能力、年龄、心理因素的基础上，在孩子可以理解的范围内小心回答。一般说来，父母可以从周围的环境入手，让孩子明白这是一种自然规律，是很正常的，也是不令人害怕的。万不可忌讳回答这些问题。当孩子问及时，家长如果避讳或显示出恐惧，孩子就会意识到，这是一个父母不想回答的问题。另外他的问题并没有得到回答，他也不知道到什么地方去解开这些疑虑。

孩子第一次主动发问死亡问题一般在4～5岁。此时，孩子并不太懂“死”这个词汇的含义。

6～7岁的孩子一般不认为死亡是一个生命的终结，多数会认为“死”只是暂时的离开，不久就会归来。

7～9岁的孩子则对死亡已经有了较客观的认识，知道死亡是永久的离别。

研究指出，孩子面对亲人去世，往往恐惧大于哀伤，产生严重的失落感，认为失去了一个重要的依靠，甚至幻想着自己也即将死去。一方面，他们很难接受死亡造成的既成事实，另一方面死亡带来的惊恐会造成其情感上的长期困惑。因此，父母在面对孩子提出的这些问题时，一方面要正面地告诉他死亡的含义，另一方面要告诉他死亡离我们还很远，不至于让他陷入死亡的恐惧之中。

第三辑

生活点滴

父母是孩子的第一任也是最重要的老师，父母的第一责任就是教育孩子。在今天，对孩子进行早期教育已成为父母们的共识。但是，但是对于早期教育的重点和关键，很多父母并没有明确的认知和观念。一些父母在教育孩子的过程中侧重于让孩子识字、数数；而另一些父母则侧重于让孩子在琴、棋、书、画、舞蹈等方面发展。事实上，早期教育的重点应该是培养孩子的好习惯。

父母千万不要小看这个问题，不同的习惯对孩子有着举足轻重的影响，好习惯使孩子受益终身。反之，一旦孩子养成了坏习惯，改变起来就比较困难，不仅会影响孩子的生活、学习、性格、行为等，而且还会影响孩子的未来。

良好的饮食习惯是培养孩子有规律生活的重要方面，并且也有利于孩子的生长发育。父母尤其要注意不要养成孩子挑食、偏食的习惯，因为各种食物中含有不同的营养成分，对孩子的成长和身体发育都是不可缺少的。如果养成了挑食、偏食的不良习惯，导致孩子吸取的营养成分不全面，就会影响孩子的健康。此外，父母也应在日常生活的点滴中，培养孩子讲究卫生、注意健康的好习惯。

培养孩子养成良好的作息习惯。每天早起早睡，到睡觉时间就上床，该起床时也不要纵容孩子躺在床上玩耍。下午还可以让孩子睡个午觉，幼儿要有充足的时间睡觉，这样有助于孩子的大脑发育。

除此之外，日常生活中，家中物品的摆放应该整齐有序。培养孩子养成从哪拿了东西放回原处的习惯，养成孩子询问加思考的好习惯等，这不仅会使孩子在生活中受益，也是一种学习方式。

最后，特别要强调的是家长的榜样作用。孩子是否能养成良好的生活习惯，与家长平时的行为有密切的关系。有道是，身教重于言教，幼儿善于模仿，父母及家人是孩子模仿的首要对象。要孩子玩完玩具放回原处，家长更要做到生活上有条有理，东西不能乱扔乱放。没有良好的生活习惯的父母是不可能培养具有良好习惯的孩子的。

其实孩子的未来，就掌握在父母的手中。如果你想培养出好孩子，那就先从做一个好父母开始；如果你渴望去做好父母，那就先从培养孩子的好习惯开始。

第一节　健康的饮食习惯

莉莉吃饭有偏食的坏习惯，喜欢吃各种荤菜，但对于各种蔬菜，却一口不吃，如果爸爸妈妈强迫她吃，她就会大哭、呕吐，显得十分不安。

淘淘则挑挑拣拣，对自己喜欢吃的肉呀、鱼呀、鸡呀，会不停地吃；可对不喜欢吃的豆制品以及肝类等，他一口也不吃。妈妈对他说，这些食物营养很好，可淘淘就是不肯吃，妈妈拿淘淘也没有任何办法。

人为什么只有一个嘴巴呢？

吃饭的时候，爸爸看到多多心不在焉地吃米饭，不禁对他说："快点，你看爸爸妈妈都吃完了。大家都等着你呢！"

多多这时仰起了小脑袋问："人为什么只有一个嘴巴呢？"

类似问题

为什么人只有两只手呢？

为什么人长了两只耳朵呢？

解说

对于孩子所提的这类问题，绝不可以一笑置之。

首先，父母要有赞许孩子想法的态度。父母的这种态度能够让孩子的创造性得以发展，更能增加他的智慧，激发他的好奇心。

另外要考虑到的是孩子提出问题的背景。有很多孩子吃饭慢是因为心不在焉，或者在想事情，或者在看电视。这样父母就必须借此机会纠正一下孩子的吃饭习惯了。

此外，父母还可以利用这一机会向孩子解释吃饭速度以及专心与否对于成长的重要性。例如，父母可以对孩子阐释吃饭不要那么快，要细嚼慢咽以及必须专心等。

常见回应

“如果有两张嘴，那就成了妖怪了。”

这种回答会让孩子觉得沮丧。其实孩子想得到确认的回答是“如果多长几个嘴，就可以很快把饭吃完了……”对于4岁的孩子而言，因为吃饭太慢而挨骂，有这样的想法是很自然的。

合理解答

“爸爸催多多吃快点也是不对的。吃饭必须细嚼慢咽，但是不能同时看书，也不能看电视，因为这样，吃的饭就不能很好地吸收，多多也不能很快地长大了！”

孩子有其自身的心理发展特征，有的时候必须考虑孩子发问的出发点。

我不爱吃蔬菜，只吃肉可以吗？

又到吃饭的时间了，咪咪津津有味地吃着妈妈做的红烧排骨，但对于蔬菜却毫不理睬，于是妈妈夹了一块蔬菜放到咪咪的小碗里，说道：“宝宝，蔬菜也要吃哦。”

“可是，我只喜欢吃肉，为什么一定要吃蔬菜？”咪咪不解地问。

类似问题

我不喜欢吃芹菜，为什么还要让我吃呢？

为什么要吃鸡蛋？

为什么要吃肉和海鲜？

解说

蔬菜中含有丰富的维生素和矿物质，是人类不可缺少的食物之一。在孩子小的时候早一点给孩子吃蔬菜可以避免日后厌食蔬菜。但是我们常常看到有的孩子不喜欢吃蔬菜，或者不喜欢吃某些种类的蔬菜。

孩子不喜欢吃蔬菜主要有以下三个原因：一是不喜欢某种蔬菜的特殊味道；二是由于蔬菜中含有较多的粗纤维，不容易嚼烂，孩子的咀嚼能力差，难以下咽；三是孩子有挑食的习惯。

父母可以针对不同的原因，采取相应的办法。

对于那些不喜欢吃蔬菜的孩子，父母不妨经常给他们吃些带馅的食品，例如：饺子、包子等，因为这些食品大多以青菜、肉、蛋等做馅，便于儿童咀嚼吞咽和消化吸收，且味道鲜美、营养也比较全面。

如果孩子不喜欢吃炒菜、炖菜等做熟的蔬菜，父母可以让孩子适当吃一些生的青菜，例如：黄瓜、西红柿、水萝卜等，这些菜有的可以生吃，有的可以做成凉拌菜吃。

除此之外，父母可以尽量变些花样，比如做带馅食品时加入一些蔬菜，使孩子慢慢适应。

常见回应

“蔬菜也好吃啊，你为什么不吃呢？”

“鸡蛋多好吃啊，你应该多吃一点儿。”

父母永远不要想着强迫孩子吃什么东西，因为实践证明，这种方法是最没有效果的！

合理解答

“蔬菜里面有肉所没有的营养，如果不吃蔬菜，会影响宝宝的身体，会生病，还要打针吃药噢！”

“孩子，吃东西不仅讲口味，最主要的还要看营养，偏食会造成营养不良，不但会影响你长身体，而且还会让你变笨！”

这种回答比较适当。如果举出孩子切身的例子来说明，例如：“如果不吃蔬菜就会生病，不能去幼儿园，就不能和小朋友玩了。”也许会更具有效果。父母平时应向孩子多讲解吃蔬菜的好处，不要随口批评某个蔬菜不好吃。因为对于尚未具备独立判断能力的孩子来说，父母的话常常成为他们判断某种蔬菜吃与不吃的依据。

“宝宝要是不吃蔬菜就不能像蓝猫（孩子经常看的动画片中的人物）那么聪明了，那爸爸妈妈就不喜欢你了啊！”

借助孩子比较熟悉的动画片中的人物进行教育，也会收到意想不到的效果哦！

“宝宝，你尝一下这个菜，妈妈做得可好吃啦！不信你尝尝看！”

在吃饭前，父母可以先吃一点，而且得表现出“味道好极了”的样子，让孩子眼馋，甚至有时父母可以采用“连哄带骗”的方式，但是不能要求孩子一次吃得太多，否则会造成孩子对吃蔬菜的反感。父母可以在生活中逐步培养孩子良好的饮食习惯。

为什么爸爸还会挑食呢？

当爸爸吃炒青菜或喝蔬菜浓汤时，经常都不吃胡萝卜，并且把胡萝卜挑出来。

4 岁的莉莉看到这种情形，就问道：“妈妈，你为什么让我吃胡萝卜，却不让爸爸吃呢？”

类似问题

为什么妈妈可以不吃菠菜？

为什么你们都不吃的东西，却让我吃呢？

解说

孩子的模仿性很强，其饮食习惯与父母早期的教育以及父母自身的表现有很大的关系。要想自己的孩子不偏食、挑食，父母首先应该发挥好模范作用。即使父母一方或者双方有挑食、偏食的现象，也应及时克服，如实在克服不了，可以采取适当的方法，不要让孩子发现父母有偏食的现象。例如前面提到的事例中，妈妈在盛饭菜的时候，可以在爸爸的碗里少放或者不放胡萝卜。

而且在吃饭的时候，除了应保持轻松、愉快的情绪和氛围之外，父母不要挑剔饭菜，也不要说孩子爱吃什么，不爱吃什么，以免误导孩子，让他们形成可以不吃某些食品的错误意识。

总之，家长要以身作则，带头严格要求自己，对孩子的全面发育和健康成长是非常有益的。

常见回应

“其实挑食、偏食都是不好的习惯，但是你爸爸就是改不掉！”

这种充分在孩子面前暴露了父母缺点的回答方式，只会让父母失去在孩子心中的威信。孩子会认为爸爸竟然都有坏习惯，那他们自己的不良习惯也是可以原谅的。

“妈妈花了那么多工夫做的饭菜，你必须多吃一些！否则以后妈妈就不给你做好吃的啦！”

吃饭的时候，父母不要一味地劝孩子多吃，更不要在饭桌上训斥孩子，或用强制、粗暴的手段来威逼孩子吃东西，否则会影响孩子的情绪，降低食欲，而且容易导致孩子产生对立情绪或恐惧心理，后果往往适得其反，影响孩子的健康。父母可以在吃饭时，适当给予孩子鼓励和表扬，或有意识地与孩子比赛，或运用“激将法”，使孩子产生兴趣，克服偏食、挑食的习惯。

“爸爸觉得胡萝卜不好吃，所以就不想吃啊！”

生活中，父母要为孩子树立良好的榜样，自己不偏食、挑食，更不要讲什么好吃、什么不好吃之类的话，对各种食物应表现出十分喜欢吃的情感，在父母潜移默化的影响下，让孩子养成良好的饮食习惯。

“你看，因为爸爸讨厌吃胡萝卜，所以才会长胡子。你如果也不吃胡萝卜的话，也会像爸爸一样长胡子的！”

到底这样的回答是否有效呢？也许由于孩子非常害怕像爸爸那样长胡子，连爸爸剩下来的胡萝卜都吃完了。但是这种具有教训和强制性的回答，并不是很好的回答方式。而且，“不吃胡萝卜会长胡子”本身就是错误的说法。如果孩子到朋友家玩的时候，看到朋友的爸爸也长胡子，也许会说：“叔叔也是讨厌吃胡萝卜，才会长胡子吗？”等孩子长大明白真相后，很可能会对父母产生不信任感。

合理解答

“胡萝卜中含有丰富的营养，吃了之后，能使你的身体更强壮，能使宝宝快快地长大啊！你看，爸爸妈妈就是因为小时候吃了很多的胡萝卜才长得那么健壮的啊！”

很多孩子都盼望着自己快快长大，长得像爸爸妈妈一样高大，所以一旦妈妈告诉他吃什么东西能让他长得更快的话，他也就有了动力。

“爸爸昨天在外面吃了太多的胡萝卜，所以今天不想吃了。来，妈妈陪宝宝一起吃好吗？”

父母挑食偏食的习惯，常常会影响到孩子，因此父母要尽早克服不好的饮食习惯，带头吃多样化的食品，帮孩子养成良好的饮食习惯。

为什么我不可以剩饭呢？

饭桌上，仑仑看着满桌子好吃的饭菜，一转眼工夫，他的小碗里已经是满满的一碗了。刚吃了一半，仑仑就将碗往妈妈面前一推。

妈妈知道仑仑又吃不完了，于是看着他严肃地说道：“仑仑，饭要吃干净。”

仑仑撅着小嘴说：“为什么要把饭吃干净呢？”

类似问题

我不想吃了，可不可以扔掉？

解说

节约是一个人良好的生活习惯、高尚的道德品质、强烈的社会责任感的综合体现。节约是对劳动的尊重，是对社会可持续发展应尽的责任，也是为子孙后代谋福利。

但在日常生活中，随处可以见到浪费粮食的现象。浪费是一种可耻的行为，每个人都要有节约的意识，其实做起来很简单：吃饭时吃多少盛多少，不扔剩饭菜；在餐馆用餐点菜时要适量；吃不完的饭菜打包带回家等。

作为父母，要从小培养孩子节约的好习惯。

首先，父母自身要勤俭节约，做好孩子的榜样。其次，指导孩子如何用零花钱。家长给孩子零花钱要有计划，要限制数额，不要有求必应。应根据孩子年龄大小、实际用途和支配能力，定时定量给予。第三，要经常给孩子讲勤俭持家的故事和道理。第四，要让孩子从小养成节约的好习惯：无论是在生活中还是在学习上时刻教育孩子节约。第五，要让孩子学会利用废旧物品。

节约要在现实的生活中从点点滴滴做起。

常见回应

“如果不吃干净，眼睛会看不见，就看不见爸爸妈妈了。”

这位母亲自小就被如此教导，但是这种回答方式具有强制性。现代是科学时代，切勿用这种恐吓方式。如果和孩子讲道理，孩子是能够接受的。

“你自己盛的饭必须吃完。”

父母的强硬态度可能会使孩子暂时屈服，但是不可能杜绝类似事情的发生。只有让孩子真正懂得人们获得劳动成果的不易，他才会严格要求自己节约起来。

合理解答

“宝宝，我们吃的米饭是农民伯伯辛勤播种、种植秧苗，经过除草、施肥、收割而得来的。农民伯伯拼命地工作所收获的稻米，是不可以浪费的。

此外，世界上有些地方的人没有米饭吃，甚至因此而死去。对人类而言，米是多么重要的食物。我们要把多余的米，拿来救济那些穷苦的人。”

从小教育孩子节约的美德，养成节约的习惯，让孩子懂得一粒米、一滴水、一度电都来之不易，都是人们辛勤劳动换来的。

专家点评

父母是孩子的第一启蒙老师，父母的言行举止对孩子的行为以及心理起着潜移默化的影响，对孩子的健康成长有着举足轻重的影响。

偏食、挑食是不好的饮食习惯，对孩子的身心发育都是不利的。年幼的孩子正处在身体发育的关键时期，各种食物中所含的营养是非常必要的。如果孩子偏重于一种或少量几种食物，是不能获得全面而又均衡的营养的。造成孩子偏食、挑食的原因有很多，一个很重要的原因就是父母的教育方式以及父母对孩子的影响。当孩子任性、不想吃或只想吃某种食物的时候，很多家长往往会出于过分疼爱而迁就他们，如此一来，孩子便找到了“救命稻草”，经常以哭闹、绝食等方法选择自己喜欢的食物，这是导致偏食、挑食的一个原因。另外，3～6岁的孩子将父母视为权威，在任何事情上都会观察以及模仿父母的语言和行为，因此，日常生活中父母对饮食的态度以及不经意的言谈，都会给孩子造成极大的影响。

所以，父母应以身作则，发挥好榜样作用，要使孩子养成良好的饮食习惯，父母首先要严格要求自己，避免在孩子面前偏食、挑食，成为孩子模仿的好榜样。

可乐甜滋滋的真好喝，为什么妈妈不让我多喝呢？

一次到亲戚家做客，主人给小凤倒了一杯可乐。小凤一下就喜欢上了这种甜甜的饮料，回家以后小凤经常缠着妈妈要买可乐喝。妈妈被缠不过，只好给小凤买了一瓶，不过妈妈一再要求不许多喝。小凤暗暗地想：“可乐甜滋滋的真好喝，可是为什么妈妈不让我多喝呢？”

解说

一到夏天，人们就会喜欢冰爽的感觉，通常会选择冰冻过的碳酸饮料。渴了喝，吃饭喝，甚至有人将它们当成日常饮用水，小朋友们也十分喜欢这种甜味饮料。可是，你知道碳酸饮料对小朋友的健康有多可怕吗？一旦他们喝多了碳酸饮料，将会带来非常严重的不良后果：发育受阻、缺钙甚至还会满口长蛀牙。

一听355毫升的饮料大约含糖40克，1升装的大瓶饮料中含糖超过80克，其热量相当于儿童一日三餐的总和。同时，碳酸饮料的特殊成分还破坏正常代谢，容易诱发胃肠道疾病，并把钙、铁、铜等营养物质统统带走。人体缺铁会导致贫血，缺铜会影响蛋白质合成，仅此两点就足以侵蚀儿童的健康防线。

常见回应

“今天只许喝这一杯，剩下的明天再喝。”

一些父母对孩子喝饮料的习惯却并不以为意，认为孩子喝一些饮料没什么关系，只要不多喝就没问题。这种观念是错误的，小孩子的自制力不强，对自己喜欢的事物会抑制不住自己的欲望。如果今天给他一杯饮料，他还会想着明天的那一杯，甚至可能会央求父母把明天的饮料提前喝掉，这会使孩子对碳酸饮料念念不忘，不利于孩子摆脱对饮料的渴望。

合理解答

“可乐会让你变成小胖子，并且还会长蛀牙，你以后还会想喝可乐吗？”

可乐对于孩子可能造成的不良影响不必对孩子隐瞒，让他们更清楚地了解碳酸饮料的坏处，更能帮助他们摆脱饮料的困扰。如果父母能够适时地进行劝说，相信稍有判断能力的孩子都能够抵挡住碳酸饮料的诱惑。

我可以只吃零食，不吃饭吗？

妈妈接洛洛下幼儿园，到家之后留下他一个人在客厅看电视，又随手丢给洛洛一袋零食，就进厨房准备晚饭去了。等到晚饭准备好了以后，妈妈突然发现洛洛已经把一大包零食都吃完了。当妈妈叫洛洛吃饭的时候，洛洛愁眉苦脸地说："妈妈，我可以只吃零食，不去吃饭吗？"

解说

吃零食是辅助正餐的一种进食方式，对儿童来说是一种愉悦、欣慰的享受，也是为其补充能量和某些营养素的一个途径。而偏好某种小食品、过量地进食零食将影响正餐的摄食量，扰乱消化系统的活动规律。经常过量吃零食会导致营养失衡，妨碍儿童健康成长。

家长不必拒绝儿童吃零食，而应顺势利导地为儿童选择适当的零食，以补充儿童生理性消耗及部分营养需要，但要避免选用含油脂高或以碳水化合物为主的食品，少吃油炸、膨化食品及糖果。

常见回应

"孩子你爱吃这个就多吃点，一会儿吃饭的时候随便吃点就行了。"

父母这样做等于放纵了孩子的口腹之欲，让孩子认为父母无论如何都会满足他的任何要求，这对孩子的心理健康造成了不良影响。另外零食中大多是膨化食品或者油炸食品，对于正在成长的儿童不能提供任何营养，还会导致儿童肥胖等健康问题。因此放任孩子吃零食是一种不负责任的行为。

合理解答

"孩子，正餐中有你在零食中吸收不到的营养，所以正餐是十分重要的。"

从经验而言，家里越是管得严，孩子对有些"垃圾食品"的瘾也就越大。相反，那些家里比较民主且宽松，尤其是亲子关系比较好的，孩子反而不会那么留恋零食。培养孩子良好的进餐习惯，坚持进餐规矩，该吃饭的时候必须坐在餐桌前认真吃饭，不能边吃边玩，以及饭前不可吃零食等；向孩子平和地讲解“垃圾食品”的害处，不要欺骗孩子，或是编造谎话骗孩子。即使孩子还不理解健康方面的原理，也要用温和的态度让他感觉你是替他着想，从而乐意服从你。

为什么睡觉之前不可以吃糖呢？

晚上9点多，妈妈把小影哄上床睡觉。忽然妈妈看见小影翻身下床，找出白天爸爸给买的巧克力糖罐，摸出一块糖果就想吃。妈妈赶忙上去制止，小影很不明白：“为什么睡觉之前不可以吃糖呢？”

解说

许多孩子喜欢临睡前吃点糖果、饼干，又没有刷牙漱口，从而发生龋齿。睡前吃了东西，食物的残渣都堆积在牙面、牙缝里，而且糖果饼干这些东西含糖量都很高，这就为细菌的繁殖提供了良好的条件。加之儿童睡眠时间很长，睡眠时口腔处于静止状态，唾液分泌减少，不利于牙面的清洁，而有利于细菌繁殖。糖类食物最易被口内的细菌发酵，产生酸性物质，引起牙釉质损坏，钙质脱离，日久牙齿就会软化，逐渐形成小洞。这就是儿童临睡前吃糖果易生“虫牙”的原因。

常见回应

“宝贝饿了吧？吃两块巧克力早点睡觉吧。”

有时候宝宝迟迟不肯睡觉，父母为了让孩子早早入睡会采用一种物质奖励的方法，但这种方法并不可取。首先睡前吃糖会严重破坏孩子的牙齿，造成龋齿等严重的牙科疾病。另外，会让孩子食而知味，极有可能演变为父母不给糖，孩子就不肯入睡的尴尬结局。

合理解答

“只要宝宝好好睡觉，你最爱吃的糖果就会在床头等着你呢。”

对于想要糖吃的孩子只要适当地予以承诺，他就会乖乖地按照父母的意愿去做。而这种略带神秘色彩的回答既避免了孩子养成睡前吃糖的坏习惯，又为孩子好好休息提供了一种小小的物质奖励。

酸奶是放坏了的牛奶吗?

豆豆和爸爸去内蒙古大草原玩，晚上，他们住进了热情好客的牧民伯伯家。牧民伯伯拿出自己酿制的酸奶请豆豆喝。豆豆第一次喝酸奶，他只喝了一口就吐了出来，连忙问爸爸：“酸奶是放坏了的牛奶吗？”

类似问题

臭豆腐是发霉了豆腐吗?

酸奶为什么是酸的?

牛奶为什么不酸?

解说

这个问题有助于让孩子了解酸奶的制作过程。让他们认知自己熟悉的身边事物的一些简单原理。

常见回应

“酸奶在某种程度上说，就是一种放坏了的牛奶。”

“酸奶就是酸奶，不酸怎么叫酸奶？”

“酸奶是酸的，所以它叫做酸奶；而牛奶是甜的，所以不叫酸奶！”

“你经常喝的这种东西，你自己区别不出来吗？”

合理解答

“酸奶是用新鲜牛奶做原料，先将其中有害的细菌杀死，然后加入有益的细菌进行发酵，最后得到的。由于发酵过程中会产生乳酸，于是就有了酸味。但这种酸味和牛奶放坏之后产生的酸味是截然不同的。”

松花蛋上的松花是从哪里来的？

过年的时候，冰冰的妈妈做了一桌年夜饭，其中有一道菜是姜汁松花蛋。冰冰看着松花蛋觉得非常好奇，她问妈妈：“蛋上的松花是从哪里来的？”

类似问题

这朵漂亮的花儿是怎么雕刻进去的？

为什么这个鸡蛋里会长出花儿呀？

解说

由于松花蛋独特的制作工艺和原材料，才使得松花蛋上会出现美丽的“松花”。

常见回应

“松花蛋的名字，就是从蛋上的松花而来。”

“松花蛋就是这样的，不然怎么叫松花蛋？”

合理解答

“制作松花蛋要用到生石灰、纯碱、食盐、红茶叶等原料。这些东西会与蛋中的蛋白质发生反应，使蛋白质凝固，同时还会使蛋白质上出现朵朵美丽的‘松花’。”

煮好的牛奶表面为什么有一层皮？

早晨，小明的妈妈给小明煮了新鲜牛奶，放在桌子上。小明洗完脸后，便坐到桌子边准备喝牛奶。他注意到牛奶的表面起了一层皮。他急忙问妈妈：“那层皮是什么呢？”

类似问题

为什么蜂蜜放时间长了，会出现白色的沉淀物？

这个煮好牛奶上的皮能吃吗？

解说

通过回答这类问题，可以让孩子了解牛奶的成分。结合电视上常见的牛奶广告等媒介，让孩子知道牛奶是通过各个环节的制作与加工后才完成的。

常见回应

“那是奶皮，因为牛奶放凉了，所以就出现了。”

“牛奶可不就是这样的吗？你天天喝还不知道吗？”

合理解答

“因为牛奶中含有大量蛋白质、脂肪、乳糖等营养物质。加热以后，这些营养物质上浮，到牛奶表面。当冷却以后，这些营养物质就形成一层皮，凝固在了牛奶表面上。”

第二节　健康的作息时间

小辉最喜欢躺在爸爸妈妈中间舒舒服服地睡觉了。可是，从两岁开始，每天等小辉睡着后，妈妈就把他抱到自己的小床上睡。

每天早上醒来，都是小辉自己孤零零地躺在床上，他觉得很不公平，就向妈妈抗议，可妈妈说："你是大孩子了，应该自己睡了。"

小辉不服气地反问道："那妈妈你还是大人呢，为什么还要爸爸陪着

为什么爸爸妈妈要求我早睡早起呢?

已经晚上九点半了，但是4岁的容容看起来还没有想睡觉的意思，乐此不疲地在客厅里玩着她的一堆小玩具，特别是对于妈妈今天刚从商场买的那个布娃娃，一直拿在手里舍不得放下。

"容容，赶快去睡觉。"正在看电视的妈妈对在一旁的容容命令道。

"妈妈，为什么你还不睡呢？"容容非常不满地问妈妈。

类似问题

为什么妈妈可以睡那么晚呢?

妈妈，我可不可以不睡觉，再玩会儿呢?

即使大人睡得晚，早上也能够早起吗?

解说

随着孩子年龄的增长，他们会逐渐发现自己和爸爸妈妈的权利有所不同，很多事情大人可以做，自己却不能做；大人做了好像顺理成章，自己做了就是不合规矩。这样的“不公平”会让孩子产生很多疑惑。虽然由于在家庭中父母与孩子所处的地位不同，享受的权利也不同，权利上处于强势的父母往往支配着权利上处于弱势的孩子。但是当孩子提出疑问时，父母要耐心地给孩子解释说明，而在解释说明的同时，也要检讨一下自己的行为：自己的一些行为是不是太过分？是不是给孩子造成了一些不好的影响？

常见回应

“妈妈是大人，所以就可以啊。”

这种过于简单的回答不但没有解答孩子心中的疑问，还会让孩子产生大人有“特权”、父母对自己不公平的心理。

“大人与小孩不同，大人的肚子里有个时钟，它会帮妈妈安排时间。”

这种说法对4岁的孩子来说很难理解，这时，父母倒不如向他说明“大人的身体已经成长发育健全了，比孩子有更强的自制和约束能力”。

合理解答

“大人的身体条件和小孩子的不一样，大人需要的睡眠时间比较少；而小孩子呢，正处于身体成长和发育阶段，需要充足的睡眠才能保证身体生长的需要。其实，妈妈也不看到很晚，宝宝睡了之后妈妈一会儿也就睡了。”

跟孩子讲解大人与孩子之间身体的差异，从而让孩子理解大人与孩子之间存在行为标准的差异。

“宝宝明天还要到幼儿园，如果晚上不早点睡觉的话，就没有精力听老师讲课，也没有精力和小朋友一起玩游戏了。”

告诉孩子不按时睡觉的后果以及严重性，而且平时父母也要培养孩子早睡早起的良好习惯。

“妈妈现在关掉电视，和宝宝一起睡，好不好？”

在这种情况下，父母只给予口头上的回答，有时候孩子在心理上是无法接受的。这时，父母最好还是关掉电视，给孩子创造一个容易入睡的好气氛。在孩子养成早睡的习惯以前，每个家庭成员都要早早就寝。

为什么爸爸妈妈一定要让我一个人睡呢？

小驰已经3岁了，但是总爱黏着妈妈睡，不愿意一个人睡在妈妈给他布置的那个漂亮的小房间里。

现在每天晚上哄小驰到他自己的小房间睡觉成了一家人最大的工程。眼看着又到了睡觉的时间，但是小驰待在妈妈的房间里不愿意回去。

“小驰宝宝，该睡觉觉了。”妈妈温柔地说。

小驰看着妈妈，说：“妈妈，我今天可不可以跟你睡啊？为什么总是让我一个人睡小房间呢？”

类似问题

我可不可以和爸爸妈妈一起睡呀？

为什么爸爸是大人，睡觉还让妈妈陪着呢？

解说

孩子出生后，应尽可能地创造条件，让孩子与父母分床而睡。分床睡有诸多好处，例如：可以尽量避免孩子被大人挤压受伤；可保证孩子的睡眠不受父母的影响和干扰，得到充分的睡眠，有利于孩子身体健康；也能很好地避免夫妇间的房事对孩子产生不良的影响；最重要的一点是可以培养孩子的独立自理能力和应变能力等。

起初，孩子可能会有些不习惯、不愿意，但父母要耐心说服，开始时可在旁边多陪伴一些时候，待孩子睡熟了再离开，以后逐渐养成他独自睡觉的习惯。

常见回应

“宝宝已经长大了，该自己睡了！”

“爸爸妈妈是不是因为我长大了就不爱我啦？要不然为什么长大了就不让我和爸爸妈妈一起睡呢？”过于简单的回答不但不能解决孩子心中的疑问，反而会使孩子心中的疑问更多。

合理解答

“宝宝想不想听《白雪公主和七个小矮人》故事呢？来，宝宝躺在床上，妈妈给你讲故事好不好？”

刚开始分床时，孩子睡觉前，可坐在小床前给孩子讲讲故事、说说话，消除孩子睡前的孤单，也可以亲亲他的额头，使他感到父母的爱，有安全感，然后再循序渐进地培养孩子的独立精神。

“到了宝宝这个年龄，就应该锻炼自己的独立能力。要想长大就要敢独立，你想不想长大呢？”

孩子当时多半会说想，但是过不了几天，又会要求回到爸爸、妈妈的房间里来。到时候可以再告诉他：“爸爸、妈妈喜欢自己单独睡的孩子。”但不管怎么说，父母都应该坚持，让孩子养成单独睡的习惯，否则就会前功尽弃。

“宝宝是不是害怕啊？其实啊，很多像你这么大的孩子都会害怕。不要害怕，妈妈就在你的隔壁，有什么事情你可以摇这个小铃铛，妈妈就会过来的！”

如果孩子是因为恐惧而不愿意分床睡，父母要允许孩子将他的恐惧流露出来，并及时给予开导，使孩子懂得恐惧是会消失的。也可以给孩子安装一些简单的小设备，让孩子有足够的安全感。

专家点评

调查表明，家庭的休息方式与幼儿创造性发展水平有很大的关系。睡眠是休息的重要内容，孩子睡眠的多少直接影响其今后的发育、智力和学习。

不同年龄的宝宝，需要的睡眠时间分别如下。

新生儿，睡眠总量应该在每天14～20小时，日间、夜间睡眠量相等；而婴儿的夜间睡眠应该为9～12小时，日间小睡，每次长度为30分钟至2小时。

1～2周岁的宝宝，每天应睡12小时以上。

2～4周岁的宝宝，每天应睡12小时。

4～7周岁的宝宝，每天应睡11小时。

7岁以后，孩子每天最好睡10小时左右。

孩子的各个组织器官都比较娇嫩，生理机能发育得不完善，却又贪玩好动，精力容易消耗，容易产生疲劳，必须帮助孩子养成午睡的习惯。

父母在宝宝0岁开始就应该培养宝宝良好的睡眠习惯。不仅如此，父母还应帮助孩子养成午睡的习惯，因为午睡可以帮助孩子机体内部的机能获得休整，对孩子的健康和学习都有很大好处。

要想孩子睡得好，建议父母临睡前不要让孩子太兴奋，从宝宝出生开始就可以训练其分床睡，因为幼儿“独自睡”不但对幼儿创造力的发展有很大的促进作用，而且有助于其独立性的培养。宝宝临睡前，可以对其进行睡眠前按摩，缩短入睡时间和夜间清醒时间。宝宝半夜惊醒4～6次属于正常现象，父母不要过于惊慌，不要孩子一哭就抱起来，应该培养他惊醒后自动重新入睡的良好习惯。

第三节　良好的生活习惯

坤坤的爸爸是一家公司的总经理，坤坤非常崇拜爸爸，爸爸也把坤坤当成心肝宝贝，经常带着他参加各种各样的聚会。

爸爸喝酒很厉害，每次在聚会上看着爸爸把别人灌趴下而自己却泰然自若地吸着烟时，坤坤的心中止不住地羡慕。

一次聚会回家后，坤坤问爸爸："爸爸，我什么时候可以像你一样吸烟喝酒呢？"

为什么我不能像妈妈一样留长指甲呢？

一向在幼儿园的个人卫生检查中得小红花的双双，今天却没有得到小红花。妈妈一问才知道原来是因为双双忘了剪指甲。

回到家里，妈妈看着沮丧的双双，一边安慰她，一边帮忙剪指甲。双双看着妈妈特别漂亮修长的手指甲，更加委屈，问道："妈妈，为什么你留那么长的指甲都没有人批评你，我的指甲才长这么一点，老师就不给我小红花呢？"

类似问题

为什么爸爸可以躺着看电视，我却不能呢？

为什么妈妈可以这样我却不可以呢？

为什么爸爸可以躺着看书？

为什么我不能像爸爸那样呢？

解说

从孩子出生到上幼儿园之前，他们的生活环境主要在家里，父母是他们接触最多的人，父母的一言一行、一举一动都在影响着孩子。

模仿是幼儿学习的主要方式，当孩子模仿父母擦桌子、扫地时，他同样也可以模仿父母其他的行为方式。但是由于孩子的能力有限，他们模仿的时候没有任何选择性，所以父母的一些不文明语言和坏习惯，甚至不良行为都有可能被孩子效仿。因此，在日常生活中，父母要注意自身的榜样作用，严格要求自己，以身作则，为孩子树立良好的形象，这样才能培养出具有良好生活、行为习惯和良好性格的孩子。

常见回应

“小孩子怎么什么都想跟大人比呢！”

“爸爸妈妈是大人，就可以！”

父母是孩子最亲近的人，是孩子效仿的第一榜样，是最直接的生活习惯的播种者。因此，父母对孩子进行教育的同时，要身体力行，通过自己的言行来对孩子起到示范教育作用。父母切不可抱有“大人就有特权”的错误思想，并将此信息传达给没有判断正确和错误能力的孩子。

“将来你长大了，就可以像爸爸妈妈这样了！”

作为父母不应该把“大人就可以犯错误”这种错误的观念灌输给年幼无知的孩子。良好的文明举止与生活习惯，应该是与自己一生相伴的。

合理解答

“小宝贝，妈妈小的时候也像你一样，也不能留长指甲啊。”

父母以自身作比喻，告诉孩子大人小的时候也和他们现在一样，孩子心理就会有一些平衡。然后再逐步告诉孩子大人和孩子的生活和行为标准是不一样的，使孩子慢慢认同差别的存在。但是对于一些不好的习惯，父母一定要以身作则，及时改正，给孩子树立好的榜样。

“指甲太长，细菌就容易躲在里面，宝宝就会生病。还有你经常和幼儿园里的小朋友玩，留长指甲也容易伤到别人啊。”

家长应该从孩子小的时候就开始培养孩子讲卫生的良好习惯。在日常生活中，让孩子勤洗澡、洗头，勤剪指甲，勤换衣服，饭前便后勤洗手等，当孩子习惯了这些并且不用家长督促的时候，孩子讲究卫生也就慢慢形成了习惯。家长还要告诉孩子不仅要讲究个人卫生，也要讲究身边的环境卫生，更重要的是保持卫生。

“宝宝真棒，今天给妈妈上了一课，留长指甲是不对的，妈妈决定和宝宝一起把指甲剪了。”

对于孩子给父母指出的错误，父母不要为了维护自己的面子和所谓的尊严而拒绝承认，这样反而会取得相反的效果。勇于接受孩子的指正，及时改正，给孩子树立一个好的榜样是非常重要的。

专家点评

父母是孩子与生俱来的榜样，而模仿是孩子的天性。孩子从小和父母生活在一起，父母的一言一行无不对孩子起潜移默化作用。心理学研究表明，孩子在七八岁左右，模仿能力很强，孩子身上的很多习惯和行为都是直接从父母那里模仿来的，这是由于他们年龄尚小，缺乏辨别是非的能力。

在日常生活中，父母要特别注意自己的言行举止，因为那些往往是孩子划分对与错的标准。如果父母言行规范，严于律己，以良好的行为榜样影响孩子，则有利于孩子的健康成长，反之则不利于孩子的成长。对于一些父母要求孩子去做的事情，父母必须以身作则，首先做到，千万不要错误地认为“家长有特权”，就为所欲为，以至于孩子不理解、不服气。另外，面对孩子的质疑，父母应采取尊重、鼓励的态度，对于自己的过错，要勇于承认，并用实际行动改正，给孩子起到表率作用。

为什么其他阿姨都不戴眼镜妈妈却戴眼镜呢？

妈妈们聚在一起聊天时，4岁的盈盈发现只有妈妈戴眼镜，而其他阿姨都不戴。盈盈好奇地问道：“妈妈，为什么其他阿姨都不戴眼镜，你却戴眼镜呢？”

“那是由于妈妈看电视时坐得太近，在暗的地方看书，平时不注意保护眼睛造成的。”

“如果我看电视时，也坐得很近，那么，我也会戴眼镜的喽？”

“是啊。”

类似问题

为什么爸爸也戴眼镜呢？

为什么爸爸用左手吃饭呢？

解说

孩子对周围的许多事物都感到新鲜，喜欢去看、去发现其中的不同，父母应该感到高兴，因为好奇心也是孩子最初求知欲的一种表现。在日常生活中，父母要多鼓励孩子独立思考和善于发现问题，培养孩子观察的兴趣和能力。如果父母引导的方法正确，可以使孩子的好奇心上升为求知欲，学习的兴趣也就油然而生，逐渐使孩子养成多动脑、勤思考的好习惯。

常见回应

“那是由于妈妈看电视时坐得太近，在暗的地方看书，平时不注意保护眼睛造成的。”

父母教育孩子要注意保护眼睛是正确无误的，但是这种把自己当成负面教材的回答方式，并不恰当。对于年幼的孩子而言，父母要尽可能地表现自己的优点，作孩子的好榜样。这样告诉孩子，也许孩子就会认为：“妈妈怎么会这样？”从而使孩子有一种孤单感。

“那是因为妈妈看了太多书才戴眼镜的。”

其实，这是一个很难回答的问题。父母这样告诉孩子，孩子很可能会因为害怕眼睛变得不好，就不读书了。

合理解答

“因为妈妈过度使用眼睛才要戴眼镜的。不过，妈妈戴上眼镜之后，就会看得非常清楚，所以宝宝不必替妈妈担心。”

听到妈妈这样回答，一方面孩子会更加爱惜自己的眼睛，防止将来自己的眼睛像妈妈一样；另一方面，还可以去除孩子对妈妈的担心。

“孩子，躺着看书是一种不好的习惯，所以爸爸也一直在改，但是有的坏毛病一旦形成了习惯就很难再改了。我们之所以严格要求你，也是希望你能养成一个良好的生活习惯啊！”

勇于向孩子承认错误，多培养孩子良好的生活习惯，准确地告诉孩子父母的哪些行为是不好、不应效仿的！

既然爬山那么累，为什么还要爬山呢？

借着暑假的机会，小飞的爸爸妈妈准备带着小飞去泰山，让小飞在领略泰山之美和呼吸新鲜空气的同时，再锻炼一下身体。

但小飞却不理解父母的良苦用心，反而问爸爸：“爬山那么累，为什么还要那么辛苦地爬呢？爬上山顶以后又要下山，下山以后又回到了家里，所以没必要爬山呀！”

类似问题

早晨为什么要跑步呢？

在学校，为什么每天都要做早操呢？

为什么要参加体育锻炼？

解说

面对孩子这样头头是道地说辞，有的父母真不知该如何回答才好。一旦孩子问到这种问题时，父母不要沉默，可以告诉孩子锻炼身体的重要性。让他们明白没有强健的身体，赛跑时也跑不赢，走路时也没有力气，身体强健的孩子才不会生病。

现在，运动非常盛行，但是自己喜欢运动的孩子却非常少，他们不知道运动就是要通过流汗来锻炼身体，他们认为运动这么令人疲倦，实在是望而却步。所以父母平常就要培养孩子对运动的兴趣。

其实与其向孩子强行灌输运动的理由，倒不如在他们实际上山、下海时，让他们体验到清新的空气和美丽的景色以及出汗以后，那种爽快的感觉和满足感，除非亲身体验，否则是无法体会的。不过，由于是第一次让他体验运动的乐趣，刚开始时，不要让他太疲倦。只要没有太过痛苦的体验，那么，他就会有想要再度尝试的意愿。

常见回应

“别的小朋友都运动，你为什么不运动啊！你怎么那么懒啊！”

对孩子大声的训斥以及责骂也许能解决一时的问题，但那永远不可能从根本上解决问题。父母不要以为有些事情是理所当然的，就耻笑孩子的傻问题，那样会严重伤害孩子的自尊。

“妈妈让你爬山是为你好，你怎么就不能理解呢！”

有时孩子确实难以理解父母对他的关心和爱护，特别是父母对孩子进行的一些吃苦和挫折实战教育，有的孩子更是难以理解父母的苦心，甚至怀疑父母让自己受这样那样的苦和累是不是父母不爱自己了。孩子毕竟是孩子，如果什么事情都能理解的话，那孩子就不叫孩子了，面对孩子的不理解，父母应温和地教育，切不可用粗暴的言语和表情面对年幼的孩子。

合理解答

“运动虽然有时很累，但是运动可以促进身体的整体健康，有了健康的身体，你才可以做你想做的其他事情啊！”

父母在告诉孩子身体健康的重要性的同时，可以举一些反面的例子对孩子进行具体化的教育，让孩子更深刻地理解运动的重要性。

“宝宝，你想想你上次生病的时候，要吃药、打针，还不能像其他小朋友那样快乐地玩耍，是不是特别难受呢？你知道你为什么会生病吗？就是因为你平时不锻炼身体的原因，如果你继续这样懒惰下去的话，那你以后还会经常生病的。”

父母可以用孩子切身的痛苦经验告诉孩子锻炼身体的重要性，这样他会有更加深刻的体会，也会更加理解锻炼身体的重要性。

为什么每天都要洗衣服、打扫房间呢？

4岁的小灵看着忙来忙去无法陪自己玩的妈妈问道：“妈妈，你为什么每天都要洗衣服、清扫房间呢？”

“等一会儿再说。”忙碌的妈妈没好气地说。

可是，小灵却不甘心，还是不停地发问。

类似问题

为什么要经常扫地、拖地板呢？

解说

每个孩子都喜欢妈妈陪自己玩，然而看着一大早就忙着做家务无法陪自己玩的妈妈，孩子会觉得非常无聊，接二连三的问题也就由此产生了：“为什么要扫地呢？”“为什么要擦桌子？”“为什么要洗衣服？”…… 而此时，

父母应观察孩子的表情并体谅孩子想要父母陪自己玩的心情以及愿望，给予某种程度的接纳和肯定。

常见回应

“我不洗衣服，你哪有干净的衣服穿啊！”

更多的错误不是解答内容的错误，而是解答方式的错误。与孩子说话时，如果语气舒缓一些，内容稍加延伸，便成为一种较好的回答。

“你以为妈妈想啊，妈妈还不是没办法。你那么调皮，每天都把衣服弄得脏脏的，妈妈不洗衣服怎么办？”

面对孩子的问题，父母以抱怨的方式回答是非常不好的，这样不但不会消除孩子心中的疑问，反而会增加孩子的负罪感。

“妈妈是女人，女人就应该洗衣服、做饭、收拾房间啊。”

妈妈可能对自己的性别比较悲观，才产生这种错误的观点，而父母如果将一些错误的、悲观的观点灌输到孩子心里，即使是无意的，也会对孩子产生不好的影响。

合理解答

“你不觉得穿干净的衣服比较舒服吗？所以要经常换洗衣服，洗好、晾干放起来，等你身上的衣服脏了就有干净的衣服换了。”

这种回答方式是非常好的。不过，父母在耐心回答孩子问题的同时还应多考虑孩子发问的情景和心情。

“等妈妈洗好衣服，就陪你玩，好吗？”

“你先玩这个玩具，等妈妈洗好了衣服，马上就陪你玩。”

其实，孩子是希望妈妈陪自己玩才发问，考虑到孩子心情的妈妈不能只告诉孩子洗衣服的理由，否则双方的意识就没有交点了。

“妈妈很想陪你玩。不过，如果不在早上洗好衣服，会晒不到太阳，那么衣服就不会干，所以你再忍耐一下吧！”

接着，再追加说明穿脏衣服会很容易生病，向孩子说明洗衣服的理由，这么一来，孩子就能够理解和接受了。

为什么不能对着人打喷嚏呢?

安安这两天有点感冒，不停地打喷嚏。在和其他小朋友玩耍的时候，安安忍不住冲着其他小朋友打了个喷嚏。幼儿园里的小朋友都不理安安了，幼儿园老师也教育安安说他不应该冲着其他小朋友打喷嚏。

安安有点委屈，不明白为什么不能对着别人打喷嚏。

解说

打喷嚏的现象是指在将进入鼻腔的异物（如灰尘、细菌、花粉等）驱赶时出现的一种无意识的“反射”。人在打喷嚏时喷出的这些飞沫以极快的速度在空气中传播。除非打喷嚏的人用纸巾或手帕捂着嘴，否则唾液中所含的细菌和病毒会沾染到不停被人抓摸和触碰的地方。尤其是对于抵抗力弱的儿童，打喷嚏造成的飞沫严重威胁着他们的健康。

常见回应

“其他小朋友就是娇气，打个喷嚏没有什么大不了的。”

在这件事上父母经常会犯这样一个错误：这不单单是一个卫生习惯的问题，更是一个人与人之间的礼貌问题，而我们往往忽略了后者。

合理解答

“如果其他小朋友也对着你打喷嚏，你是不是也讨厌他，不想跟他一起玩呀？”

引导孩子进行换位思考，让他明白对着人打喷嚏是一种不讨人喜欢的行为，也是一种不礼貌的行为。这样做让孩子了解人与人之间的基本礼仪，以及应当给予别人的尊重。

为什么说随地吐痰不好呢?

周末，小龙和爸爸上街。爸爸喉咙一痒，咳出一口痰吐在路边。行人纷纷侧目，还不时有“真不讲卫生”、“真没有公德心”之类的议论声传来。爸爸一脸尴尬，小龙问爸爸：“为什么说随地吐痰不好呢？”

解说

痰里带有很多细菌，是传播疾病的祸根。病人吐的痰里带有许多细菌和病毒，在人体所有分泌物中，痰是传播疾病最多的一种。如果病人随意把痰吐在地上，痰干了以后，细菌会随着灰尘飞扬起来，被人吸收。在有痰的地方，每个人都有吸入致病细菌的机会。小孩在地上玩耍，他们的玩具、手可以沾染湿痰或者干痰，更容易受到感染。所以，随地吐痰是很不卫生的，严重地危害着人们的身体健康。

常见回应

“不就吐了口痰么，有什么的呀？”

父母这种吐了痰还拒不认错的行为既污染了环境，也污染了孩子们的心灵。年幼的孩子是非观念还不是太明确，可能对父母没有什么质疑，但是当孩子长大到了能明辨是非的年龄，必然会联想起父母行为的不对的。这有可能加深孩子对于父母的不信任感。

合理解答

“来，我们用这块纸巾把痰包起来，扔到垃圾桶里好不好？”

有些时候父母不但要以身作则，还要勇于面对已经犯下的错误，这样才能为孩子起到模范作用。通过父母的以身作则，也教会了孩子公共环境需要大家共同维护的道理。

这个药这么苦，我不吃可以吗？

方方生病了，妈妈带她去看病，医生给她开了一些中药。回家以后妈妈熬好了中药，端给方方，结果方方用舌尖沾了一下，眉头立刻皱起来，怎么也不肯喝药。妈妈无论怎么哄，方方就是不吃。妈妈有些不耐烦了，大声说："你要是不吃药，妈妈就不喜欢你了！"方方抬起头说："这个药这么苦，我不吃可以吗？"

解说

对于年龄偏小的孩子，趋利避害的本性表现得十分突出，对于不喜欢的事物敬而远之是一种非常正常的反应。所以在开导孩子吃药这件事上，父母最需要的是更多的耐心以及和孩子沟通的技巧。

常见回应

"你到底吃不吃？再不吃妈妈就不理你了！"

父母应该能够理解孩子对于苦药的抗拒心理，任何试图强硬逼迫孩子服药的方式都有可能对孩子的心理造成阴影。有可能会让孩子产生"要不是这碗药，爸爸妈妈也不会对我这么凶"的想法，如果这样孩子以后对于服药的抵抗会越来越激烈。这样的交流方式并不十分恰当。

合理解答

"妈妈相信你是个勇敢的男子汉，这一碗药对于你来说不算什么。"

让孩子知道，药虽然苦，但是会让他们的身体恢复健康，有的时候，最好的办法就是讲实话。和宝宝面对面地坐着，面前摆着一匙药，告诉孩子，吃了药，就会变得健康强壮。与其费尽周折，还不如让孩子明明白白药为何物，让他了解，吃药也是自己勇敢的表现。

第四辑

家庭

“望子成龙”、“望女成凤”是每个父母的迫切希望，而家庭是孩子成长的摇篮，家庭环境对孩子成长的影响是巨大的，尤其是对周围的一切都充满好奇的青少年。他们热情洋溢、兴趣广泛，却缺乏毅力和自制能力；他们渴望了解人生和社会，并独立自主地去感悟世界和人生，却又缺乏足够的能力摆脱幼稚和辨别是非。因此，孩子需要家庭、学校、社会给予全方位的教育和关注，而三者之中，健康、积极向上的家庭环境是尤为重要的，因为孩子大约有三分之一的时间都是在家中度过的。作为父母，应该意识到家庭环境对孩子成长的重要性，努力创造一个健康、温馨、和谐、文明向上的家庭环境，为孩子的健康成长和成才做好充分的准备。

第一节　家庭结构

今天兰兰家来了一个重要的客人，爸爸妈妈忙前忙后地照应着。客人一进门，爸爸忙抱起兰兰对客人说道："三叔，这就是您的侄孙女兰兰。"

说完急忙对女儿说："兰兰，这是三爷，快叫三爷呀！"兰兰满脸困惑地看着眼前陌生的老人，轻声地问妈妈："妈妈，他是三爷，爷爷是几爷呀？

妈妈我想有个小妹妹可以吗？

隔壁的刘阿姨家新添了一个小宝宝。

一天，妈妈带着4岁的贝贝到刘阿姨家玩，贝贝看到躺在小床上安睡的小宝宝，忍不住地好奇，总是想伸手摸摸小宝宝。

妈妈告诉贝贝说："贝贝，小宝宝睡着了，不要摸她哦，不然你会把她吵醒的！"

"妈妈，小宝宝好可爱啊，你也给我生个小妹妹吧！有时候一个人没意思，有小妹妹陪我多好啊！"贝贝说道。

类似问题

为什么我们家没有小娃娃呢？

妈妈能不能生个小熊猫陪我玩？

解说

一些独生子女有时非常渴望弟弟、妹妹的出生，特别是自己一个人感到寂寞的时候，就会提出这样的问题来。

在成长的过程中，孩子缺少同龄伙伴，就会失去很多乐趣，也会失去很多在游戏和交往中学习社交、增长知识以及提高能力的机会。家长要认识到孩子在这些方面的不足，多多鼓励孩子结交自己的小伙伴，支持孩子的正常人际交往，让孩子真正健康、快乐地成长。

常见回应

“再生个妹妹，以后家里的玩具和好吃的就要分一半给妹妹，你的就少了啊！”

也许在得到父母这样的回答后，孩子可能不会再提这种要求了，但是这样也在不知不觉中培养了孩子的自私心理，会加强孩子“以自我为中心”的观念。

“妈妈已经过了生孩子的年龄了，不可能再生下小宝宝了。”

这种不积极的态度是不可取的。父母对于孩子的愿望，要给予某种程度的认同，深入体会孩子的心思和发问的情景，不要打击孩子的积极性。可以说：“如果我们能够再生一个小孩，那该有多好呀！”适当地肯定孩子的愿望，让孩子不会太过悲观或失望。

“妈妈有一个你就够麻烦的啦，哪还有时间照顾小妹妹啊！”

养育孩子固然是一件非常“艰难”的事情，但是作为父母不应经常把这些挂在嘴边。听到这样的回答，孩子会怎么想呢：“我是爸爸妈妈的累赘？我是拖油瓶？”……孩子的幼小心灵怎能承受如此的重创呢？

“不是有爷爷奶奶每天陪你玩吗？”

同伴交往的乐趣是爷爷奶奶等长辈所给予不了的。孩子需要与同龄人一起玩，一起分享自己的成长快乐，但是爷爷奶奶等长辈往往无法与孩子进行这方面的交流。

“我还给你生个机器猫呢，傻瓜！”

千万不要轻易尝试嘲笑孩子！这种取笑式的回答只能让孩子不知所措，或许他真的会认为自己很傻，以后可能就不敢随便问家长问题了。

合理解答

“妈妈有了你已经很满足，很幸福了！而且爸爸妈妈也没有那么多精力同时照顾你和妹妹啊！”

让孩子知道妈妈之所以没有再生小弟弟或者小妹妹，是因为妈妈太爱自己了，妈妈要把所有的爱都倾注在孩子身上，给孩子一种受重视的感觉。

“等你上了幼儿园，就会认识许多的小朋友，你们可以一起玩耍、做游戏，那是一件多么快乐的事情啊！而且平时你也可以找张阿姨家的小峰玩啊！”

有时孩子发问只是一时的好奇，父母可以适当转移孩子的问题。对于太忙不能经常陪孩子的父母，可以鼓励孩子多发展自己的小伙伴。父母也可以多帮助孩子创造机会，让孩子与相邻的或者比较熟悉的家庭里的孩子建立联系，这样既满足了孩子的正常交往，也保护了孩子的安全。

“孩子，妈妈问你一个问题，小兔子能生大灰狼吗？对呀，兔子只能生兔宝宝，那么妈妈怎么能生大熊猫呢？妈妈当然只能生小弟弟或小妹妹啦！不过，现在地球上的人太多，如果大家都不节制生育，地球就养不活咱们了！所以，妈妈响应国家的号召，只生你这一个孩子。”

通过打比方，告诉孩子简单的生育常识，告诉孩子妈妈不是万能的“生育机器”。同时妈妈可以带小宝宝挤公共汽车，让孩子体验拥挤的滋味，并告诉他，如果大家都生很多孩子的话，我们的地球就会和公共汽车一样拥挤，地球上全都是人，到时候，就没有可爱的小兔子、小鸟居住的地方了。孩子了解到这些，就会减轻自己孤单的感觉。

为什么姐姐先出生呢？

单单和双双是一对双胞胎，今年都3岁了。两人尚不懂事，所以会经常因为一些很小的事情而争吵、打闹。

一天，正在客厅和姐姐一起玩耍的单单突然跑到妈妈的面前说：“妈妈，为什么姐姐先出生呢？”

类似问题

为什么我是弟弟呢？

妈妈，为什么不先把我生出来呢？

解说

父母在回答孩子的问题之前，先弄明白孩子发问的背景以及原因是非常重要的，因为只有这样父母才有可能给孩子一个满意的答复，从而真正解决孩子的问题。

根据当时的情景判断，小女孩真正的意思是：“如果我早点儿出生，做姐姐的话，就不会输了。”其实，她的目的并不在于成为姐姐，只是希望比姐姐还强。因此，父母在回答孩子问题的时候，要充分了解孩子当时提问的心理，必须考虑到她的情绪，然后再回答。

常见回应

“你们谁先出生，妈妈也是无法控制的啊！”

孩子对于妈妈这种非常无助的回答会感到非常失望，她会为自己心中万能的父母不了解自己的心思感到疑惑和失落。如果屡次遭遇这样的情况，极有可能影响孩子发问的积极性，导致孩子发问的欲望降低。

“那是因为在妈妈的肚子里时，你们两个猜拳，结果姐姐胜了。”

孩子和兄弟姊妹争吵以后非常不开心时就会寻求母亲的爱，从中得到慰藉。父母的这种回答方式，是无法抚慰孩子当时的心情的。

合理解答

“如果你多运动，多吃一些水果和蔬菜，就能够变得更加强壮。这样，你就不会输给姐姐了。”

母亲这种针对事情发生的情景而作出的回答非常合理，孩子从母亲那里得到了一些心灵的安慰，也会比较满意。

“这个问题妈妈也不清楚，等妈妈查查书，再告诉你好吗？”

“这个问题妈妈也不知道，我们一起查书看看好吗？”

对于稍大一些想要明白其中道理的孩子，父母可以在问清孩子真正发问的原因之后，给予相应的问答。如果父母也不知道的话，可以如实告诉孩子，自己查资料后或与孩子一起查资料学习后，再告诉孩子一个科学的答案，不要不懂装懂，期望蒙骗孩子过关。

为什么我没有舅舅？

春节过后，幼儿园开学了。经过一个寒假，来到学校后的小朋友们都异常兴奋，纷纷向小伙伴们展示自己的新礼物，说着自己的新趣事。

欢欢听着大家说“这个遥控飞机是舅舅送我的”、“这件漂亮的衣服是姑姑给我买的”、“我家还有一个特别大的毛毛熊，是大表婶送我的”……欢欢一方面非常地羡慕，一方面又非常地困惑。

欢欢回到家后问妈妈：“妈妈，为什么其他小朋友都有舅舅、姑姑什么的，为什么我没有呢？”

类似问题

为什么我没有姑姑呢？

我的舅舅是谁呢？

解说

随着我国独生子女家庭的不断增多，一些血缘亲属的名称对孩子们来说也变得越来越陌生，一些甚至在逐渐消失。因此，孩子们常常会对那些看似平常的称谓感到非常好奇和困惑，过去不成问题的问题，如今却成了令孩子好奇的问题！虽然对孩子来说，那些称谓可能会逐渐远去，但家长同样有责任将这些知识传授给孩子，孩子只有了解了这些称谓的真正含义，才能从心底去尊重他们。

常见回应

“你问这些干什么啊，反正你又没有，问了也没用！”

虽然孩子现在没有了这些所谓的亲戚，但是对这些知识的了解还是非常有必要的。因为理解这些称谓的含义是尊重具有这些称谓的人的一个非常重要的前提。

“那些都是对一些亲戚的称呼而已。”

父母不要错误地认为对孩子没有用就搪塞孩子提出的问题，这样会打击孩子发问的积极性，而且如此简单的连自己都不满意的回答，孩子怎么会满意呢？

合理解答

“小宝贝，让妈妈讲给你听啊，舅舅就是妈妈的哥哥或者弟弟，姨就是妈妈的姐姐或者妹妹，因为你姥姥、姥爷只有妈妈这一个孩子，所以你没有舅舅和姨。”

用真人实例或者用动画片中孩子比较熟悉的某个人物给孩子进行讲解，能很好地帮助孩子理解和记忆。在讲解的过程中，也可顺便提及有杰出成就的家庭成员，加深孩子对家庭印象的同时，增强他们对家庭以及家庭成员的自豪感。

我为什么不跟妈妈姓呀？

华华快上幼儿园了，到幼儿园之前妈妈告诉华华：“宝贝，你在家里爸爸妈妈和爷爷奶奶都叫你华华、小华或者宝宝、宝贝，但是在幼儿园里呢，老师就不这么叫你了，知道吗？”

“那老师会叫我什么呢？”华华好奇地问。

“老师会叫你张华，也就是在你名字的前面加了一个爸爸的姓。”妈妈耐心地说。

“妈妈姓赵，那我为什么不跟妈妈的姓，叫赵华呢？”

类似问题

我为什么姓“李”啊？

妈妈，你跟爸爸一个姓吗？

解说

这一问题其实也很常见，孩子在入学或者对姓氏初有认知的时候，就会对父母发问，这时候，父母应该一方面解释姓氏的流传是一种传统，还要让孩子不至于产生“男尊女卑”的想法。

常见回应

“这是中国的传统，大家都是这样！我们不能搞特殊哦！”

对于我国的传统文化，我们要采取批判地继承方式。家长的这种回答方式只会误导孩子，让孩子以为所有的老传统都是对的，都是应该遵守的，这样会导致孩子遵循老传统的盲目性。

“要是我们这样做，大家会不习惯的！”

一些至今保持的传统，对于社会和家庭稳定、人际交往都有积极的意义，妈妈应该让孩子去体会这一点，而不是让他们觉得传统只不过是束缚大家的枷锁。

合理解答

“你要是愿意，也可以跟妈妈的姓啊！跟爸爸的姓属于中国的一个老传统，它已经不能满足大家的需要了，所以我们不遵守也是可以的。”

让孩子了解到随着文明进步，人们对传统在继承中不断地进行改造。姓氏在过去承载着很多如“传宗接代”的文化色彩，是男性特权的一种体现。现在仅是一个符号，孩子的姓氏可由家长经公平商讨后决定，孩子成年后，也有权选择自己的姓氏。

“有一些风俗和传统是落后的，咱们不用遵守；有些是可以帮助我们大家文明和进步的，是社会需要的，我们要保持！”

让孩子对传统和民族文化有一个初步认识，并且积极继承好的传统。父母这样做，孩子会成长为一个受到民族文化充分熏陶的、健康上进的文明人。

父母以及家庭其他成员在为孩子的成长营造一个温馨和睦的家庭环境和氛围的同时，还要从小教育孩子认清家庭结构、家庭成员以及各家庭成员在家中扮演的角色和作用，使之明白家庭中的任何成员都是家中非常重要的一部分，这样不但有利于加强孩子对家的概念，而且有利于孩子从小认清自我，养成关爱家庭成员、尊敬老人以及爱护年幼兄妹的习惯和良好品质。

与此同时，父母还应尽量减少家庭结构以及家庭成员变化对孩子幼小心灵产生的不良影响。多给予孩子关心和疼爱，及时观察孩子的心理和行为，与孩子保持沟通和交流，对孩子的错误想法和行为及时给予指正和教导，使孩子在健康的环境中茁壮成长。

第二节　家庭生活

每月的五日左右，芳芳的爸爸都会到银行给在乡下的爷爷汇钱。

周末，爸爸妈妈和芳芳逛完商场后，一起走进了银行。当芳芳再次看到爸爸给爷爷汇钱时，非常不平衡地问：“爸爸，为什么每个月都要给爷爷寄钱呢？刚才我让你给我买那个小白兔你都不给我买。”

为什么总是听爸爸的？

今天天气不错，爸爸妈妈带着5岁的靓靓到故宫玩。

当他们走出故宫大门的时候，天已将黑。而此时的靓靓也早已筋疲力尽。

这时关于怎么回家，产生了分歧。

靓靓说：“玩了一天太累了，我们打车回家吧！”

妈妈用询问的语气问爸爸：“大家都累了，还是打车吧？”

爸爸却说：“从这到家那么远，打车太贵了，还是坐公交车吧！”

妈妈不再说话，算是默认了爸爸的意见。

但是靓靓不满意了，非常生气地问妈妈：“在家里要听爸爸的，在外面还要听爸爸的，为什么总是听爸爸的呢？”

类似问题

我该听爸爸的还是听妈妈的？

为什么大家都要听爷爷的？

解说

家庭是孩子成长的第一环境，父母是孩子出生后的第一任老师。家长的一举一动往往是无言的规范，对孩子的影响胜过千言万语。为了孩子的健康成长，父母应为孩子创造一个积极向上、民主平等的家庭环境，尤其是父母之间的相互平等、和睦相处更为重要，因为在民主、平等的家庭环境里成长的孩子，大多数都明理、开朗、上进、富有同情心并勇于负责。

常见回应

“家里爸爸赚的钱最多，当然要听爸爸的啦！”

从小就给孩子灌输一种“金钱至上”的错误观念，容易导致孩子将来成为唯利是图的“拜金主义者”。

“当着爸爸的面就听爸爸的，当着妈妈的面就听妈妈的！”

如果父母想要从小就培养孩子“八面玲珑”的性格，这不失为一种好回答。

合理解答

“孩子，咱们家中爸爸见识最广，经验比妈妈和你都丰富，说的话通常比较有道理，所以要多采用爸爸的意见！当然，你不同意爸爸的意见，也可以拿出自己的办法，最后谁的更有道理我们就听谁的，你说好吗？”

告诉孩子之所以经常听大人的是因为大人阅历丰富、意见合理，培养孩子遇事善于争取父母意见、利用父母宝贵资源的习惯，同时也要培养孩子勇于思考、要有主见、坚持真理、独立自主的个性，不要让孩子对父母产生过多地依赖。

我帮忙洗碗妈妈是不是也应该给我钱呢？

麦麦的爸爸是一个公司的销售经理，妈妈则是一家医院的主治大夫，两个人都很忙。于是家里雇了个小时工，每天工作两个小时，主要是接麦麦回家，并帮助打扫家里的卫生，做晚饭。

每天临走时，妈妈会把当天的报酬交给小时工。麦麦看在眼里，记在心里。

有一天，小时工有事没有来，妈妈只好自己动手整理房间、做饭，忙不过来，就让麦麦帮忙，麦麦痛快地答应了。

等到房间收拾干净了，香喷喷的饭也做好了，麦麦昂起小脸问妈妈："妈妈，我也帮你打扫屋子、帮你做饭了，是不是也该给我钱啊？"

弄得妈妈一时哭笑不得。

类似问题

我帮妈妈洗衣服，妈妈是不是也该给我工钱呢？

我帮爸爸干活了爸爸是不是应该给我钱啊？

解说

常常能看到中国的家庭在这一教育思维上出现的误区：父母在孩子听话、表现好或者是做了一些力所能及的事情之后，父母感到很兴奋，甚至觉得用单纯的语言鼓励已经不能满足孩子的真实需要了——于是，备感兴奋的父母常常为孩子买一些东西或是答应孩子的某些要求，有时甚至是给孩子一些金钱上的奖励——这些行为都是危险的。在国外，为家庭而努力也是父母对孩子性格与能力培养的一部分。他们的父母认为这些理所当然，并没有因为孩子的一两次好的表现而表示出过分的惊喜。

教育理念的差异造就了不同性格与不同能力的孩子。从大部分的中国家庭来看，中国父母在这一方面做得并不尽如人意。因此，中国的父母应努力"放开"一些，要从小培养孩子做一些力所能及的家务，让孩子意识到自己是家庭、社会中的成员之一，培养其对他人和社会的责任感。

常见回应

"哎呀，当然要给钱了。来，多给你一点！"

家长这种做法的初衷可能是为了培养孩子的经济观念，然而这样的后果却是无形中加深了孩子的错误认识，助长了孩子的拜金主义，孩子会在日常生活中形成“等价交换”的概念，导致了孩子养成了无利不伸手，自私狭隘，甚至唯利是图的性格。

在这个时候要给孩子解释清楚做家务与为了薪水的劳动之间的差别。前者是集体内部的自觉行为，或说义务；后者才是一种市场经济中的行为，是交换性的。这样容易培养孩子的自觉性和责任感，在孩子小的时候就培养孩子的劳动态度，让他在享受之外，懂得参与，懂得付出。

“我是你妈妈，你帮妈妈干活还要什么钱啊！。”

“平时妈妈干活时，谁给我钱啦！你这样简直是不像话！”

孩子此刻还没有树立起家庭成员有义务分担劳动的观念。妈妈的这种回答，只会让孩子感到妈妈的态度粗暴，是妈妈运用家长的特权“欺负”自己。他们会因此对劳动失去兴趣！

合理解答

“是啊！你帮妈妈收拾房间，妈妈很高兴。来，乖宝宝，抱一下！”

鼓励孩子为家庭分担家务，是家长培养孩子自立精神和自立能力的明智之举。但是这种教育忌讳陷入“等价交换”。义务劳动与劳动报酬是两个不同性质的概念，两者从根本上不同。要淡化孩子的金钱意识，应从情感角度去引导，对孩子进行一些精神上的鼓励。

“麦麦，你想一想，妈妈帮你洗衣服、爸爸带你出去玩，跟你要钱了吗？我们是亲人，跟阿姨（小时工）不一样，她也要挣钱回家给她的宝宝买玩具呢！”

通过反问的方式，让孩子意识到家长、孩子都是家庭成员，都对家庭有责任和义务，分担劳动是承担家庭责任和义务的一种方式，也是互相表达爱意的方式。

为什么爸爸什么都会?

一天，家里的冰箱突然发生故障，昆昆的爸爸临时找不到修理工人，只好自己动手。费了好长一段时间，左拆右拼，前看后看，才发现毛病所在。冰箱修好之后，爸爸内心充满了成就感。

蹲在旁边一直看爸爸修理冰箱的昆昆，看到爸爸高兴的样子，昆昆也分享了一些快乐，然后若有所思地问道："爸爸，你怎么那么厉害，连冰箱都会修呢？"

类似问题

爸爸怎么会修洗衣机呢?

爸爸为什么连电视都会修呢?

解说

年幼的孩子对父母的一举一动都充满了崇拜，尤其当孩子看到父母解决了一个他解决不了、甚至别人也解决不了的难题时，更是感到父母的神奇和伟大。

父母要借机向孩子进行适当正确的教育，不要打破孩子心中对父母的美好感情。

常见回应

"爸爸没有找到修理工，没有办法，只有自己修了！"

"你以为我想做这些啊，这还不是被逼的！"

此时孩子的内心对无所不能的父亲充满了崇拜，父母应借助这个机会好好对孩子进行教育，而不是使孩子感到沮丧和失落。

合理解答

“爸爸很聪明、很厉害，所有电器都会修理。”

孩子听了，会觉得父母很了不起，会产生对父母的崇敬之情，同时也会使子女对父母产生更多的安全感。

“爸爸运用科学知识，用头脑想，想通了原理，就会修理了。”

父母的这种回答方式，会在孩子心中留下“善用人类智慧，天下即无难事”的感受，下一次孩子再遇到困难时，就可能会积极地寻找解决问题的方法，开发自己的能力。

爸爸妈妈也有不知道的事情吗？

4岁的朵朵正在和妈妈一起看《买火柴的小女孩》，故事虽然已经结束了，但朵朵仍感觉意犹未尽，问道：“那个买火柴的小女孩多可怜啊，她真的被奶奶接走了吗？”

“是啊！”妈妈说。

“她会跟奶奶一起到天堂吗？”朵朵继续问道。

“应该会吧。”

“那她以后还会怎么样呢？”朵朵穷追不舍。

“这个妈妈也不知道啊！”

朵朵有一些困惑，奇怪地问：“妈妈是大人，也不知道吗？”

类似问题

妈妈怎么会不知道呢？

爸爸什么事情都能解决，为什么不知道这件事情呢？

解说

根据心理学家描述的各个年龄段孩子心理的特征，孩子 10 岁之前属于对父母的绝对崇拜期。在孩子的心中，父母是无所不能的：他们心中的疑问，父母能够一一作答；弄坏的物品，爸爸能够奇迹般地修复；吃饭、尤其是家里来客人的时候，妈妈总能够端出美味的佳肴。所以一旦父母的回答没有使孩子感到满意，孩子就会对父母产生怀疑，内心也会比较失落。对于孩子的提问，父母要给予充分的重视，务必弄清楚孩子发问的真正意思，最好能够马上回答，且要顾及孩子的梦想与兴趣。

常见回应

“妈妈也不是万能的啊！”

“即使是大人，也有不知道的事情啊！”

父母当然也会有不知道的事情，不过，如果不加修饰地直接这么说，孩子会有一些不满，甚至对父母的信任感也会随之动摇。如果无法回答时，可以这么说：“到底会怎么样呢？妈妈也不知道。我们一起再看看或者查查书，好吗？”或是进行一下推理，这也是一个办法。

“妈妈现在突然一下子想不起来了，改天我想起来了再告诉你！”

这样的回答或许暂时可以保住父母的尊严，但是或许从下次起，父母在孩子心目中的地位就会直线下降，或许有一天，孩子会对你的回答嗤之以鼻：“别骗我啦？我知道你根本就不知道！”而对于小学高年级的孩子来说，他们知道母亲也会有不知道的事情，因此让孩子看到，并没有关系。

合理解答

“宝贝，即使再聪明的人也有不能解决的问题，其他大人和妈妈也一样。所以，不但是你们孩子，还包括爸爸妈妈以及其他的人都应该不断学习新的知识，不断地充实自己，这样才不会落后啊！”

对于一时不能回答的问题，父母要如实地告诉孩子，给孩子讲道理，使之明白知识的海洋是浩瀚无穷的，任何人都有不懂的知识。同时，还可以借机鼓励孩子努力刻苦学习科学知识，将来做一个有用的人。

“这个妈妈也不知道，咱们一起去买本书看看，好不好？”

前面的章节已经有所讲述：如实告诉孩子自己不会的真相，并不会破坏父母在孩子心中的形象。对于父母也不知道的问题，可以和孩子一起学习、共同探讨，这样不但能使孩子学到科学的知识，也能使孩子在亲子共同学习的过程中体会到学习的乐趣，增进父母与孩子之间的感情。

爸爸为什么也会生病呢？

身体一向强壮、很少生病的爸爸病倒了。

看着躺在床上有气无力、无精打采的爸爸，3岁的晶晶有一些沮丧，又充满了好奇，于是问妈妈：“妈妈，为什么爸爸还会生病呢？”

类似问题

爸爸怎么也修不好？

爸爸怎么也搬不动啊？

妈妈怎么也不懂啊？

解说

对于处于绝对崇拜期的孩子来说，如果有一天，他发现身体一向强壮的爸爸妈妈突然像自己一样病倒了，他会感到非常不可思议。甚至刚开始注意到爸爸妈妈上厕所的时候，他们也会有相同的疑问：爸爸妈妈也像我一样尿尿吗？甚至还有其他令父母更为啼笑皆非的疑问。其实，孩子这些“大惊小怪”都是非常正常的现象，是孩子成长过程中必经的一个阶段和过程。所以对于成长中的孩子的每一个问题，父母都应该认真地回答，切不可草率地应对。

常见回应

“爸爸生病有什么奇怪的啊！”

对父母来说理所当然的事情，孩子有时并不知道，所以对于孩子的疑问父母要给予充分的理解和正确的回答，不应摆着一副“你怎么什么都奇怪”的样子来面对孩子。

“都是你不乖，经常惹爸爸生气，看爸爸都被你气病了！”

也许这只是父母随便说说的一句话，或许父母想要通过这种方式，让孩子变得更听话、更乖。但是这种不但解决不了孩子心中疑问，还将责任推到年幼的孩子身上的回答方式，却可能给尚不谙事的孩子造成心理负担和愧疚感。

合理解答

“孩子，不管是爸爸妈妈，还是其他小朋友的爸爸妈妈，都是会生病的。只是爸爸妈妈平时经常锻炼身体，很少生病而已。所以要想保持健康、不生病，经常进行运动和锻炼很重要哦！”

父母正确地给孩子讲道理的同时，强调加强身体锻炼的重要性，使孩子从小树立良好的健康观念，形成良好的健康习惯。

为什么爸爸从来都不做家务，他怎么这么懒？

周六一大早，妈妈就起了床，又是打扫卫生，又是洗衣服，最后做好早餐叫6岁的小洁和爸爸起床吃饭。

饭桌上，小洁看着累得气喘吁吁的妈妈，觉得非常不公平，妈妈太辛苦了！每天放学回家看到的都是妈妈忙碌的身影，而爸爸虽然在事业上是个大英雄，可是一回到家里就变成了一只大懒虫，从来不洗衣做饭，哪怕是最简单的打扫卫生，爸爸也从来不做。

看着妈妈不停地捶着腰，小洁终于忍不住问：“为什么爸爸这么懒？爸爸为什么从来不洗衣服也不做饭呢？”

类似问题

爸爸为什么从来不洗衣做饭？

为什么爸爸不做家务？

解说

受中国传统思想和社会文化的影响，即使在现在的家庭中，“大男子主义”现象也并不少见。母亲整天忙碌得像个保姆，而父亲回到家后不是一边吸烟一边看电视，就是一边喝茶一边看报纸，像个“大老爷”。其实在生活中，父亲也应积极地参与家务和育儿，这不仅可以让母亲得到一定的休息，也能够使孩子品尝到与父亲一起玩耍的乐趣。而且，父亲劳动的身影，也能对孩子产生潜移默化的影响，做家务的习惯会在孩子心中逐渐培养起来。在父母共同的关心和影响下，孩子的身心才能健康地成长。

常见回应

“爸爸就是那么懒，妈妈嫁给他算是倒霉了！”

“唉，没办法，妈妈就是这受苦的命啊。”

作为父母，要避免将孩子作为发泄牢骚和埋怨的对象，因为父母向孩子抱怨并不能解决任何问题，反而会增加孩子对另一方的反感以及孩子的心理压力。

合理解答

“宝宝，爸爸不洗衣、做饭并不能代表爸爸懒。爸爸为了咱们这个家，不辞劳苦地在外面努力工作，已经很累了；妈妈的工作比较轻松，所以多承担一些家务活也是应该的！再说啦，家里扛米、修电器等一些重活不都是爸爸干的吗！”

“在咱们家中，妈妈和爸爸的分工是不同的，妈妈主要管家务和照顾你，而爸爸呢，主要是管挣钱养家。虽然爸爸妈妈的分工不同，但我们都在很辛苦努力地为咱们家付出，这样我们的家才能温暖、幸福啊！”

告诉孩子为了给共有的家庭创造更好的条件，爸爸妈妈都在为这个家不停地努力付出，只是两者的方式和主要负责的内容不一样而已。同时，父母也要教育孩子看问题要把握全局，不可因一件事就否定一个人的全部。

爷爷答应带我去动物园，为什么还不去呢？

涛涛最喜欢猴子了。

在他生日那天，爷爷不但送给涛涛一个电动汽车，而且还答应涛涛过几天带他到动物园看猴子。

涛涛一想到要到动物园看猴子就非常兴奋，但是眼看着都过了一个月了，但是爷爷却还没有任何动静，这下可急坏了涛涛。

又是周末的一天，涛涛实在无法再忍，跑去问爸爸：“爷爷答应带我看猴子，怎么还不去呢？”

类似问题

爸爸答应我的事情，为什么还不做呢？

妈妈说开学后给我买新书包，为什么到现在还不买呢？

解说

当今社会是一个诚信的社会。失去诚信，就会失去别人的尊重，也很难在社会上有很大的成就和发展。家长从小就要教育孩子诚实守信用，并且要以身作则。对于孩子的需求，家长不能随意承诺，承诺之前一定要看自己是否真的能做到，但是一旦向孩子作出承诺，就应该尽全力兑现自己的承诺，要在孩子心中发挥好家长的模范作用。

常见回应

“可能是爷爷年纪大了，记性不好，忘了吧。”

已经承诺的事情，一定要兑现，不管是爸爸妈妈还是爷爷奶奶，这是每个人必须坚持的原则。而且父母也应该以身作则，经常教育孩子守信，使之成为孩子生活中的一部分。

“妈妈答应过你吗？我怎么不知道？”

妈妈的这种行为是对孩子的一种极大的伤害！家长不但不兑现自己的承诺，还企图以谎言加以掩饰，对孩子以后诚信的树立起到了严重的负面影响。

合理解答

“放心吧，既然爷爷已经答应你了，那就肯定会做到的！原来爷爷答应你的事情不也都办到了吗？只是宝宝再耐心地等一等，可能爷爷近期有特殊的事情呢。”

“既然妈妈已经答应给你买书包了，就一定会做到，只是你看，这几天妈妈比较忙，等过了这段时间，妈妈不是特别忙了，咱们再一起去买，好吗？”

正面向孩子表明，家长承诺给孩子的事情就一定会办到，从而给孩子树立良好的榜样。

家长是孩子的第一任老师，家庭是孩子学习的第一个场所，父母的言行对孩子的心理和行为都起着潜移默化的影响。

俗话说：“有其父必有其子。”孩子的许多行为举止很像父母，这不仅是由于遗传的原因，也是模仿的结果。父母对子女来说是最亲近的人，父母的一举一动会不知不觉地成为孩子模仿的对象。国外一位教育家曾说过：孩子是父母一步一步地引入社会的。所以日常生活中，父母在教育孩子的同时，也要严格要求自己，作好孩子的表率，作好孩子的第一任老师，把孩子培养成有良好的综合素质、全面发展的优秀人才。

妈妈，你为什么收了我的早餐？

一天，妈妈对5岁的蒙蒙说："宝贝，我们早上的时间非常紧张，你必须要按时起床，按时吃早饭。只有这样爸爸妈妈才能准时上班，而你呢，也才能准时到幼儿园。如果你不按时起床的话，妈妈会认为是你放弃了你的早餐，你已经是一个小男子汉了，要为自己的行为负责。"

妈妈说完后的几天，蒙蒙都表现得比较优秀。但是今天蒙蒙起床太晚，超过了规定的时间。当他来到餐桌前时，发现餐桌上已空空如也，妈妈早已把他的早餐收走了。蒙蒙看着妈妈非常委屈地说："妈妈，我饿了，你为什么收了我的早餐呢？"

解说

虽然，早餐很重要，但更重要的是应该让孩子知道，规矩就是规矩，双方约定好的，就必须遵守。高效能的父母，必定是讲原则的父母。

父母必须懂得，影响孩子最成功的手段就是掌握那些对孩子来说很重要的东西。絮叨的讨论和空洞的威胁只能对孩子产生很小的作用，甚至一点作用也没有。这个结论已在无数家庭中得到验证。在那些家庭中孩子会把一个家长推到忍耐极限的边缘，而在另一个家长面前却像甜蜜的小天使。

常见回应

"蒙蒙饿了，那妈妈再给你准备一份。"

既然定了规矩，那双方都应该遵守。如果父母这次迁就了孩子，那孩子以后就会对已约定的规则产生怀疑，甚至他会以为以后定的规矩也是可以不遵守的。

合理解答

"对不起，蒙蒙，我们有约在先，妈妈不能随意破坏它，我想你也不想破坏它。你饿了却吃不到早餐，这只能怪你自己不遵守约定。”

所谓讲原则就是一旦立了规矩，就必须执行。鉴于孩子容易忘记预先的约定，也没有成熟到能很好地控制自己的情感和欲望，父母需要不时地提醒以帮助孩子记住。但是，提醒只是提醒，一旦孩子破坏了规矩就要按照规矩来办事。必须让孩子懂得他的一举一动能产生不同的后果，随着时间的推移，他就会知道无论什么事都不能马虎，从而形成什么事都认真的习惯，也就不需要父母的催促和监督了。

谨记：当你平和地要求孩子服从却被孩子置之不理时，你要用行动，而不是空洞的威胁，去获得期望的行为。

第三节　亲子之间

商场里，爸爸妈妈带着岩岩购物。突然岩岩的眼前一亮，接着就非闹着爸爸妈妈给他买遥控飞机。

妈妈好言相劝："家里不是已经有了一个遥控汽车了吗？"

爸爸听着岩岩的哭声，非常生气，说："再闹我可打你了！"

岩岩不加理会，继续哭着站在卖飞机的柜台前不肯离开。这时，爸爸一个大巴掌打在了岩岩的小屁股上，岩岩的哭声更大了。爸爸也更加生气，一把揪住岩岩的耳朵，岩岩尖声哭叫，在众人的注视下被爸爸拽出了商场。

爸爸妈妈为什么生我啊？

像往常一样，晚饭刚吃完，爸爸就急忙到书房忙自己的事情，而妈妈也在收拾完碗筷后，投入到自己的事情中。他们都无暇顾及五岁的儿子——小超。

小超多么想像别的小朋友一样和爸爸玩游戏，听妈妈讲故事，但是爸爸妈妈好像永远都是那么忙。

临睡前，小超问妈妈："妈妈和爸爸为什么生我呢？"

类似问题

你们生我是为了什么呢？

解说

孩子缺少父母的关心和爱护，或者经常挨骂，就会产生自己是否应该出生的怀疑。尤其是当孩子看到童话故事里或电视节目中娃娃受大人宠爱的画面或者镜头时，这样的念头会更加强烈。

孩子如果向父母提出这样的抱怨，父母应该停下手中的活儿思考一下是不是平时对孩子的关心太少，是不是应该多抽出一些时间陪陪孩子，多给孩子一些温暖和呵护。

常见回应

“因为爸爸妈妈生活在一起的时间长了，觉得寂寞，所以就生下了你啊。”

听到父母这样的回答孩子会怎么想呢？自己的出生就是为了填补爸爸妈妈的寂寞，除此之外就没有其他的价值？这样的回答容易导致本已缺少父母关爱的孩子焦虑、不自信，影响孩子形成正确的个人价值观，严重者也可能出现轻生的想法和举动。

“生你是为了将来我和爸爸老了有人养我们啊！”

受传统观念的影响，很多父母仍然存在生孩子是为了将来养老的观念，这种观念在一定程度上正确的，而且父母也应该在日常生活中培养孩子孝敬父母以及老人的良好品质，但是如果父母不加修饰地直接跟年幼的尚不懂事的孩子说，孩子非但不会理解，还比较容易产生被父母利用的感觉。

“因为别人都说有个孩子才是一个完整的家。”

“你爷爷奶奶非常想要抱孙子，爸爸妈妈不想让他们失望，所以就生了你。”

“一不小心就怀上了，妈妈也是没有办法啊！”

告诉孩子生你是迫于外界的压力，换句话说，爸爸妈妈生你并不是自愿的，试想孩子听到后会是多么的伤心难受呢？

合理解答

“因为爸爸妈妈非常希望有个孩子，才生下了你。你是爸爸妈妈的心肝宝贝，你给我们带来了欢乐和幸福。虽然有时候爸爸妈妈没有那么多时间陪你，但是你一定要相信爸爸妈妈都是非常爱你的。”

“因为我们可以天天看着你快快乐乐地成长，会感到很幸福和快乐！”

让孩子感觉无论如何父母都是非常爱他的，他都是父母的骄傲。多给孩子一些关注，让他有受重视、被关爱的感觉。

我和妹妹相比妈妈更喜欢谁？

自从3岁的珍珍家里添了个小妹妹之后，爸爸妈妈关注珍珍的时间明显减少了很多。虽然妈妈每天还会像以前那样哄珍珍睡觉，但是每次都是在小妹妹睡着之后，妈妈才能陪她，而且妈妈也不像以前那样经常给珍珍讲故事了。

一天，已经晚上九点多了，可是妈妈还在陪着小妹妹，有些失落的珍珍走到妈妈面前问：“妈妈，你比较喜欢我还是妹妹呢？”

“两个都喜欢啊。”妈妈摸着珍珍的头说。

“但是，你更喜欢哪一个呢？”珍珍没有得到满意的答案，继续问道。

类似问题

妈妈，为什么你整天陪着弟弟，难道你不喜欢我了吗？

妈妈整天陪着小妹妹，是不是不要我啦？

解说

家中有兄弟姊妹时，父母就会在较小的孩子身上花较多的时间。这时，较大的孩子会觉得寂寞，所以会问这样的问题。此时，父母必须要多考虑较大孩子的情绪，然后再作出正确合理的回答。

常见回应

“你和妈妈在一起的时间，比妹妹多了三年。所以妈妈更喜欢你，但是这是妈妈和你之间的秘密，不可以告诉别人哦！”

“你已经长大，而且现在也更加懂事、听话了，所以妈妈更喜欢你！”

这种回答方式并不恰当，在家庭生活中最好不要使用。因为即使你告诉她这是秘密，她还是会说出来。如果将来孩子再次和妹妹发生小矛盾时，她会说：“妈妈告诉我，她还是比较喜欢我。”结果，会导致姊妹关系的恶化。

“因为妹妹不哭不闹，比较听话，所以妈妈更喜欢妹妹！”

相比较成年人，孩子的比较心理更强一些，妈妈当着姐姐的面做这样的回答，对于本身已缺少很多关心的姐姐来说，无疑是一个更大的打击。

合理解答

“妈妈两个都喜欢。但是因为妹妹比较小，还不像你那么听话、懂事，还不会自己穿衣服，也不会照顾自己，所以现在妹妹比你更需要爸爸和妈妈的照顾。她现在就像你小的时候一样，需要妈妈经常抱着、搂着。”

父母如此仔细说明，姐姐也就能够接受了。此外，还可以附加说明：“等妹妹长大之后，也像你一样，能够照顾自己了。那么，妈妈就不必像现在这样照顾她了。”

“你认为呢，宝宝？”

有时孩子提问题，只是为了撒娇。当然，撒娇并没有大碍，但是为了避免小孩子经常想要得到父母的娇宠而过分纠缠，有时父母也可以适当地反问孩子。但当孩子出现这样的情况时，父母也有必要反省一下自己的育儿态度。这时，很可能是因为父母过于照顾较小的孩子，而疏忽了较大的孩子，从而导致了大孩子的失落感。

妈妈为什么向我发脾气呢？

6 岁的小静因为生病而躺在床上打点滴，妈妈坐在床边悉心地照顾她。

她看着今天异常温柔的妈妈，问道："妈妈，为什么你今天特别温柔呢？"

"妈妈经常都是非常温柔的啊。"妈妈慢慢抚摸着小静的头说道。

"不是啊，妈妈你忘了，你前几天还向我发脾气呢，可是为什么呢？为什么向小静发脾气呢？"小静显然不满意妈妈的回答，继续问道。

妈妈心里咯噔了一下，没有想到孩子对大人发脾气记忆得那么深刻，这都过去好几天了，她竟然还记得。

类似问题

为什么爸爸总是骂我？

解说

一些父母以为经常对孩子发脾气或者使用暴力吓倒孩子，就能在孩子面前树立更多的威信，事实上，这种想法和做法都是非常错误的。虽然有时候父母的行为确实震住了孩子，但父母在孩子心中的威信非但没有上升，反而是降低了。不管什么原因，父母应尽量控制自己的情绪，不要在孩子面前发脾气。孩子毕竟是孩子，很多东西他是不明白的，面对父母突如其来的训斥或者责骂，他会感到非常无助、不知所措，更多的时候，父母不给其讲道理，他可能永远也不明白自己错在什么地方了。

常见回应

"妈妈前段时间工作不顺利，心情不好，所以才会向你发脾气。"

父母不要过早跟孩子讲父母工作烦恼的事情，这样不但不会很好地解答孩子的疑问，而且有可能导致孩子对长大后工作产生恐惧感。

"那是因为你学习总是不刻苦，晚上总爱看电视，妈妈太担心你的学习，所以才会向你发脾气啊。”

这种回答乍听起来没有什么不妥，但事实上，无论父母基于一种什么样的原因对孩子发脾气、训斥以及责骂等都是不对的。在面对孩子大胆的质疑时，父母不但不思考自身的作为，反而找理由为自己开脱，更是不恰当的。

“因为你有时不听妈妈的话，做了坏事，所以妈妈才会发脾气。像现在你非常乖，妈妈就特别喜欢，特别温柔啊！”

这样的回答方式会给孩子一种误导：我因为生病而变得安静，这样就是个好孩子，妈妈就会更喜欢我。其实，孩子本来就很活泼、好动，有时候会有些粗野的行为。但是，这是孩子的自然天性，父母要给予肯定。另一方面，孩子会在生病的时候说出心里话，这也说明母亲平时对孩子太凶，应及时检讨一下自己的行为。

“我是你妈妈，你不听话，我就有权利向你发脾气！”

父母不要以为孩子是自己生的就可以对孩子随意管教，其实孩子是属于社会和他自对孩子随意管教这种不尊重孩子感受的举动，会影响孩子正常的心理发育。一方面，孩子可能会由于害怕父母，而变得性格懦弱，对父母言听计从、逆来顺受；另一方面，孩子也可能对父母产生憎恶情绪，产生强烈的叛逆心理。

合理解答

“这件事情你做得非常不好，妈妈当时也是特别生气才厉害了一些，这个妈妈以后会注意，但是你犯了错误也要及时改正，这样才是妈妈的好孩子啊！”

“妈妈以前经常对你发脾气是不对的，妈妈现在郑重地向你道歉，你会原谅妈妈的，对吧？以后妈妈会改掉那个坏毛病的。”

孩子犯错后，父母严厉强调孩子错误并要求其改正的同时，也要以身作则，严格要求自己。对于自己的错误父母要勇于向孩子道歉，要知道家庭中家长威信的树立，并不是他们的一贯正确，而是实事求是、严于律己，进而取信于孩子的结果。家长在孩子面前承认错误，实际上是让孩子学会做人的准则。只有孩子感到父母是真正的言行端正，才能产生由衷的崇敬之情，家长的威信也才会真正树立起来。父母适时地向孩子道歉有利于改善家庭关系，有利于孩子对父母产生更深一层的信任，从而能使孩子体会到受人尊重的感觉，进而建立起恰当的自尊，还能培养孩子尊重他人的习惯。

打人是不对的，为什么爸爸还是打我呢？

已经上小学一年级的小栋非常调皮，平时总爱惹祸，妈妈劝他，爸爸骂他，都不起作用，于是爸爸惩罚的巴掌便隔三差五地落到小栋的身上。

小栋这几天喜欢上了踢足球，每天放学后都要约几个小伙伴到小区的院子里踢上一会儿。因为场地较小，所以砸坏花草的现象经常发生。但是这天，由于小栋用力过大，足球打破了二楼李阿姨家厨房的玻璃。

闯了祸的小栋由于对爸爸巴掌的畏惧，所以很晚才偷偷地回到家里。刚一打开家门，小栋就看到在客厅里焦急得来回走动的爸爸妈妈以及在桌子旁边的足球。小栋本想偷偷地溜进自己的卧室，但为时已晚，爸爸抓住小栋就是一顿打。

小栋挨完打，抹着眼泪摸着屁股问妈妈："妈妈，你不是经常说打人是不对的吗，为什么爸爸还要打我啊？"

妈妈一边帮小栋擦眼泪一边说："你犯错误了，爸爸打你是为你好。"

"那以后爸爸犯错误我也可以打他吗？"

"你是爸爸的孩子，他可以打你，但是你不可以打爸爸。"

小栋"哦"了一声："那我以后也可以打我的孩子吗？"

类似问题

爸爸犯错我也能打他吗？

我将来也能打我自己的孩子吗？

当孩子犯错误时，父母不分青红皂白就责骂孩子，甚至体罚孩子，这是一种不负责任的行为。有的家长认为这种方式可以最直接，最有效地纠正孩子的错误，也可以树立家长的绝对权威，但事实上却并非如此。

常见回应

“我是你爸爸，我打你是天经地义的！”

父母这种“老子打孩子是天经地义的”的错误观念会在不知不觉中传染给孩子，影响孩子将来也用错误的观念对待自己的孩子，形成恶性循环。

“你敢打爸爸，简直是造反啦！”

是的，孩子不能打父母，但是父母在打孩子的时候有没有考虑孩子的心理感受呢？有没有考虑过孩子也是有自尊的呢？有没有考虑由此给孩子造成的伤害呢？

合理解答

“孩子，爸爸打你是不对的，我会告诉他，让他改正。但是爸爸之所以打你，是因为没有找到更好地教育你的办法。将来你可以采用更好的办法教育你的孩子啊！不要让这种挨打的教育方式在你的孩子身上重演。”

父母首先要认识到在教育孩子的过程中，体罚孩子是一种非常不好的教育手段，虽然有时会取得一定的效果，但是它的负面影响是远远大于其正面功效的。父母应首先给孩子做好榜样，用正确的育子方式教育孩子，不要让体罚形成恶性循环，代代相传，但前提是父母要严格要求自己首先做到，否则一切也是徒劳的！

“你犯了错误，爸爸妈妈有义务帮你改正错误。当然，爸爸采用打你的方式是不对的，我们大家一起改正错误，好不好？”

帮孩子分析，让孩子认识到自己挨打的最根本的原因是自己犯了错误。同时父母也要放下自己的面子问题，勇于承认自己的不对，告诉孩子父母打他是因为爱他而产生的一时冲动，以后父母会改正不再打他了。孩子理解了父母的用心良苦，才会产生正确的认识。

为什么弟弟淘气的时候，不骂他呢？

小畅的弟弟玩水玩得不亦乐乎，衣服也早就被弄得湿漉漉的。

但是妈妈并没有像骂小畅那样骂弟弟，这让小畅感到非常奇怪，于是问妈妈："为什么弟弟淘气的时候，不骂他呢？"

这时，在一旁的爸爸回答道："弟弟和你不一样，他还小，骂他他也听不懂。"

"真的吗？那可以打他啊。"

类似问题

为什么弟弟淘气的时候，不打他呢？

解说

父母要经常注意孩子发问的问题，从而来推断孩子的心理。对于孩子的一些不对的想法父母要及时给予纠正和调整，以使孩子的身心得到健康的发展。同时，当孩子犯错误时，父母要采取正确的处理方式，不要非打则骂，否则一旦在孩子心中形成阴影，就很难再消除。

常见回应

"因为弟弟还小，所以不能打他！"

孩子之所以这样问父母，前提肯定是父母平时对孩子比较暴躁，或者是经常打骂孩子，导致孩子心中产生了不平衡感。而对于父母这样的回答，孩子不但不会理解，还会加重心中的不平衡。

"爸爸也只是在你不听话的时候打你吧！"

这种对于孩子的心理缺少考虑的回答方式，很容易伤害到孩子的自尊。

合理解答

“现在你做错了事情，爸爸妈妈只要告诉你，你就会明白。但是，你和弟弟一样小的时候，即使告诉你，你也不明白。那时候，爸爸妈妈也一样没打你呀。所以，现在弟弟淘气的时候，你作为哥哥，要爱护弟弟，慢慢地教他。”

“弟弟还小，不懂事，即使教训他，他也不会知道是怎么回事。你是大哥哥，应该多教教弟弟啊！”

这样教导孩子，可以帮助孩子养成兄长对弟弟的宽容，让孩子明白哥哥应该关心和照顾弟弟。

专家点评

经调查发现，日常生活中，父母打骂孩子的现象还普遍存在，甚至一些父母还对此种教育孩子的方式表示赞同。究其原因，有以下三个方面：一是受中国“棍棒下出孝子、才子”传统思想的影响，打骂孩子已经成为人们的一种教育方式；二是父母为了维护所谓的家长尊严，错误地认为孩子不听话或者调皮时对其进行打骂能使孩子对自己更加的服从和佩服；三是受周围打骂孩子的亲朋好友以及邻居的影响，认为大家都是这样管教孩子，自己也不例外。

事实上，辱骂和体罚会对孩子的心理造成很大的负面影响。经常挨打的孩子，会出现很多不良的心态和心理偏差。例如：为了避免挨打而撒谎，因害怕挨打对父母说的任何事情都乖乖服从而变得懦弱，自尊心受到伤害而变得孤独，容易产生怨恨心理，更容易产生认识上的心理误区，形成代代相承的恶性循环。

所以，体罚孩子是一种愚笨的教育方法，它使孩子的身心都受到严重的伤害。随着科技的发展，人类社会将更加文明，体罚和责骂等粗暴的教育方法应逐渐让位给科学的教育方法。为了社会、家庭以及孩子今天的幸福和美好的未来，父母要不断学习新的教育方法和理论。

第四节　家庭关系

刚读小学四年级的童童是个性格比较内向的孩子。去年，由于父母之间缺乏信任、互相怀疑而导致离异。

从此童童开始了平时与爸爸居住、每周到妈妈处住一天的生活。但是，每次到妈妈那里，妈妈都会问他，近期爸爸有什么变化，有没有外出，有没有女的来家里，或者打电话，等等此类的问题。回到家后，爸爸又会问童童类似的问题。在妈妈那里时，妈妈还不断责怪爸爸和爷爷奶奶，认为离婚是他们一手造成的。

内向的童童长期在这种状态的压抑下，变得心神不定，非常焦虑。

为什么别的小朋友都有爸爸我却没有呢？

英子刚生下来没多久，爸爸就留学到了国外，后来与妈妈提出了离婚，再也没有回来。

一向很乖巧、听话的英子，今天却在幼儿园的美术课上突然大哭了起来。任老师怎么哄，都无济于事，最后只有请英子的妈妈把英子带回了家。

一路上妈妈一边安慰一边试探着问："我们家英子一向不是最听话的好宝宝吗？今天是怎么了呢？能告诉妈妈吗？"

"今天老师让我们画爸爸妈妈的样子，可是我从来没有见过爸爸，所以……"英子哭着说，同时又问了那个她已经问了很多遍的问题："妈妈，别的小朋友都有爸爸，为什么我没有爸爸呢？"

类似问题

为什么别的小朋友都有妈妈，而我却没有呢？

解说

对于一个孩子来说，母爱、父爱是两种不同而又互补的爱，一般来说母爱比较温柔、多情、细腻，父爱比较刚毅、果断、豁达，这两种爱相辅相成才会造就孩子的健全人格。许多爱是可以替代的，只有父母的爱不能替代。夫妻间因感情破裂而导致婚姻“死亡”，在一定程度上是社会进步的表现，维持没有感情的婚姻是不合情理的。但是父母不能因为婚姻的终结就把双方应该承担的抚养、关心、教育孩子的义务丢在一边。

常见回应

“每个孩子都有爸爸，只是你爸爸不要你了！”

父母的这种回答，给孩子一种被遗弃的感觉，会对孩子的心灵造成非常严重的伤害。

“妈妈不是把你照顾得很好吗？还要什么爸爸啊？”“妈妈怕爸爸对你不好，所以不敢给你找爸爸啊！”

孩子需要的是完整的爱，更需要的是你对生活的信心和信念，只有父母的乐观，才有孩子的幸福与安全感，不管是什么样的家庭和父母，都要认识到这一点。

合理解答

“爸爸现在因为忙，没有时间像别的小朋友的爸爸那样照顾你、和你生活在一起，但是宝宝要相信爸爸是爱你的，过段时间爸爸不忙了，就会回来看你了！”

根据孩子的年龄特点，为了孩子的健康成长，避免孩子的心灵受到严重的创伤，父母可以适当地给孩子一些善意的谎言。待孩子对社会和家庭有了一些认知，父母再告诉孩子事实的真相，也不失为一种比较好的处理方法。

“妈妈现在还没有找到更好的、特别关心你、疼爱你的人！”

对于孩子对完整家庭渴求的愿望，父母应该认真对待，耐心引导，让他们理解自己，关心自己。

我不想让这个叔叔做我的新爸爸可以吗？

小维的爸爸妈妈离婚了，法院把小维的抚养权判给了妈妈。

过了一段时间，妈妈认识了一个姓梁的叔叔。虽然梁叔叔经常给小维买玩具，而且还时不时地带着他和妈妈出去玩，但是小维并不喜欢他，因为梁叔叔的出现，小维和妈妈在一起的时间明显地少了。

一天，妈妈非常高兴地回到家里，对小维说：“小维，妈妈给你找个新爸爸，好吗？”

小维听到之后很伤心，问妈妈：“为什么要给我找新爸爸啊？我能不要新爸爸吗？”

类似问题

为什么要找新爸爸？

爸爸能不能不和王阿姨出去玩？

解说

再婚家庭孩子的心理健康问题是个不容忽视的重要问题。父母的离异或丧父、丧母已经使可怜的孩子经历了一次重大磨难，而父母的再婚又使他们再一次面临复杂的生活环境。长此以往，孩子的身体和心灵很难得到正常的发展。

所以，再婚家庭应加强与孩子的沟通，为孩子创造宽松的学习和生活环境，尽可能在精神上满足他们，引导孩子减轻心理上的负担。既给孩子一个完整的家庭，又给他们完整的父爱和母爱，这样孩子才能快乐、健康地成长。

常见回应

“你怎么这么自私，不想想妈妈一个人带着你生活有多难！”

离婚后找到新的爱情、组建新的家庭，意味着单亲父母重新找到幸福，是一件可喜可贺的事情。但是面对来自子女的阻力，父母首先要冷静，试着进行开导和说服，且不可一时性急就对孩子大发雷霆，父母要站在孩子角度，多考虑一下孩子的感受。

“宝宝不想要新爸爸，那咱们不找了。”

离异后的父母带着“赎罪”和“补偿”心理对孩子有求必应，要么培养出一个自私骄横、不会体谅别人的冷血孩子，要么给心地善良的孩子增加不必要的感情“负债”。这样都容易加深孩子对自己“与众不同”之处的关注，极大地妨碍孩子心理的健康成长。补偿式的爱或放任自流亦容易造成儿童的情绪异常。

“都怪爸爸不管咱们，要不然妈妈也不会给你找新爸爸啊！”

离异父母对于新生活的选择和追求，是需要与孩子沟通以得到他们的理解，千万不要让孩子产生误解，进而出现偏激的心理和行为。

合理解答

“给你找个新爸爸，妈妈对你的爱不但不会减少，而且你还会多一个人关心和疼爱，你说这样不是很好吗？”

对孩子多一些宽容和疼爱，多跟孩子进行沟通。一些孩子拒绝父母再婚只是因为害怕爸爸或者妈妈再婚后对自己的关心会减少，害怕父母因此而不再爱自己，对此内心充满恐慌。父母应明确地告诉孩子，即使再结婚，父母对他的爱不但不会减少，反而会多得到一个人的关爱，使他感觉自己的生活不是悲苦凄凉而是健康美好的，他就会逐渐接受新家庭和新生活。

“妈妈和叔叔彼此相爱才会走到一起，咱们共同组建一个新家庭，这样你就像其他同学和朋友一样有一个完整的家了。”

完整的家庭孕育着力量和坚强、智慧和才能，是一所无法替代的好学校。而残缺的家庭，则极易产生压抑、枯燥、沉闷的氛围，这种大人有意无意营造的气氛，摧残大人，更伤害孩子。

“妈妈有了新的幸福生活，大家都很快乐，就可以更好地关心你呀！”

好的父母，即使在离异后开始新的生活，也会尽量消除孩子的忧虑和担心，让他们体会到父母一如既往的关爱。

爸爸，为什么别人都说你是“妻管严”呢？

亮亮的爸爸是一家外企公司的董事长，每天来接送爸爸的司机都是毕恭毕敬的，公司的员工在爸爸面前也是谨小慎微的，亮亮因为有一个这样爸爸而感到非常自豪。

一天，亮亮和东东在院子里玩耍，后来两人由于意见不合发生了争执，亮亮炫耀着说：“我爸爸是公司的大老板，他管很多人，别人都怕他！”

东东“嗤”了一声：“才不是呢，我妈妈还有别的阿姨都说你爸是‘妻管严’，他最怕你妈妈啦！”

“你胡说！”亮亮跳了起来。

回家后，亮亮就问妈妈：“妈妈，别人都说爸爸是‘妻管严’，真的吗？”

类似问题

爸爸，别人都说你怕妈妈，是真的吗？

为什么别人都说爸爸怕妈妈呢？

解说

在家庭中，爸爸妈妈都是孩子心中的偶像。父母日常生活中的言行举止往往都会成为孩子的模仿对象。父母的关系如何，也会影响到自己孩子未来的家庭幸福。

父母虽然在社会上存在地位上的差异，但是在家庭生活中应该充分体现出平等互爱的原则，不应存在谁怕谁、谁服从谁的事情。夫妻之间相互尊重非常重要，因为孩子只有在平稳的家庭生活中才能健康成长。如果父母中一方持绝对权威，并以此来欺压另外一方，不仅会影响到孩子对婚姻和家庭的正确认识，还容易使他们产生性别歧视或出现性倒错的问题。

常见回应

“爸爸经常犯错误，所以他怕我。”

父母之间可能会存在着一些隐私，并因此协调和确定两个人之间的关系，这些是不能让孩子了解的。妈妈不能靠降低爸爸在孩子心目中的地位来树立自己的权威，那样的话，只会让孩子对夫妻关系产生误解，从而影响他们今后的家庭幸福。

“你爸爸才不怕我呢，我怕他还差不多！”

夫妻关系应该是和谐平等的。无论谁怕谁，对孩子心理发育都无益，应该尽量营造一个和谐平等的家庭环境给孩子。

“你听谁瞎说的啊，才不是呢！”

对于孩子已知道的事情和提问，不但不给予回答，而且还矢口否认，这会成为孩子心中的困惑，严重的还会影响孩子心理的健康。

合理解答

“爸爸不是怕妈妈，是尊重妈妈正确的意见，是爱妈妈，这样我们才有一个温暖的家啊！”

不可否认，我们还处于“男权”社会，男性在社会生活中发挥更大的作用，产生更大的影响力，因此，在相当多的人们的观念中，认为家庭里女性应处于从属和顺从的地位，他们并且会以此来衡量别人的家庭关系是否“正常”。好妈妈要帮孩子从小建立家庭中父母地位平等、作用同等重要的理念，为他们今后的幸福家庭生活打好基础。

“爸爸和妈妈之间没有谁怕谁，只是妈妈有时脾气不太好，而爸爸特别宽容总是让着妈妈，这样我们才有这么一个充满欢声笑语的家啊，宝贝说是不是？你看，对门那家的爸爸妈妈经常吵架，家里很少有温馨和幸福，那样是不是感觉很不好啊？”

夫妻之道应该是互敬互爱，相互宽容，相互体谅，要学会通过交流和沟通及时化解彼此之间出现的矛盾。更重要的是，要将这个观念传递给自己的孩子，让他们在今后的生活中，借鉴父母的正确做法处理各种关系。

爸爸和妈妈也吵过架吗？

平时，活泼开朗的军军一回到家里总会滔滔不绝地向妈妈讲幼儿园里的趣事。但是今天却一反常态，坐在沙发上沉默不语。

妈妈笑着问军军：“我们家小军军今天是怎么了？怎么那么不高兴呢？”

军军看了看妈妈，说出了事情的原委，“妈妈，今天在幼儿园里我和明明吵架了。”接着又问，“妈妈，你和爸爸吵过架吗？”

类似问题

我和明明吵架了，怎么办？

解说

随着孩子的慢慢长大，他们也开始从家庭步入幼儿园。在孩子步入幼儿园之前的家里，他们独享父母的爱，自己需要什么，想要什么，父母或爷爷奶奶就会马上送来，所有的人都会忍让着他。但是到了幼儿园，孩子再想像在家里一样享有“特权”，已经是不可能的啦！小朋友之间都是平等的，不存在谁忍让谁的问题。所以对于刚到幼儿园还没有适应变化的孩子来说，与其他小朋友发生小矛盾和冲突也是非常正常的。此时的父母，要积极帮助孩子度过从家庭到幼儿园的适应期，多给予孩子开导和安抚，使孩子尽快适应新的环境。

常见回应

“吵架是不对的！你们下次不要再吵架了。”

父母这种回答方式比较倾向于道德性和说教性。事实上，不论在哪个家庭，不可能大家每一天都笑脸相迎，偶尔吵一两次架，也属于正常现象。所以如果父母这样回答，孩子就会觉得父母在说谎。为了避免发生这样的情形，父母最好如实回答。

“爸爸妈妈从来不会吵架，所以你不可以和其他小朋友吵架。”

这种居高临下具有教训意味的回答方式，很可能会使孩子对父母失去好感，甚至对父母敬而远之。

合理解答

“是呀！有时候爸爸妈妈会因为意见不合而吵架。不过，我们马上就会和好的。你和其他小朋友也要一样啊，不要因为吵架而影响你们小伙伴之间的友谊！”

这样回答孩子，孩子会觉得父母和自己一样，给孩子一种很真实的感觉，可以增加亲子之间的亲密感。同时告诉孩子虽然爸爸妈妈会吵架，但是很快就会和好，又为孩子树立学习的榜样。

爸爸妈妈为什么总是吵架呢？

璐璐从楼下的小花园玩儿完刚一回到家，就听到从爸爸妈妈房间里传出的吵闹声。璐璐非常害怕地躲回自己的小房间。

过了一会儿，妈妈走到璐璐的房间，看见缩在小床上默默哭泣的璐璐，非常心疼地问：“哎呀，小宝贝，怎么啦？为什么自己躲在这儿哭呢？”

璐璐看着妈妈说：“妈妈，为什么你和爸爸总是吵架呢？”

解说

家庭平稳和谐给孩子带来安全感，父母之间战火纷飞会引发孩子的恐惧心理。家长不要以为感情是两个人的事，便相互攻击、谩骂。事实上，这对孩子心理将造成非常严重的负面影响，甚至有的是终生难以弥补的。经常面对家庭“战火”的孩子，容易陷入人际交往障碍、焦虑、多疑，对未来生活缺乏信心，特别容易对婚姻产生恐惧感，甚至会产生“将来坚决不结婚”的念头。面对恶劣的家庭气氛、父母冲突造成的紧张的人际关系，害怕失去以往幸福生活的焦虑，以及由此产生的在同学面前的羞耻、自卑感，会使孩子产生严重的心理危机。

让孩子生活得有安全感是为人父母最起码的责任。因此，父母应为孩子创造一个轻松、愉快的生活和成长的环境。如果夫妻间确实有矛盾需要解决，父母必须要考虑孩子的心理感受，尽量控制情绪，不要随意发泄。退一步讲，如果非吵不可，也应避开孩子换个环境，或让孩子暂时离开。

常见回应

“爸爸经常惹妈妈生气，跟妈妈吵架，他不是好人！”

父母切不可为了拉拢孩子站在自己的一方而在孩子的面前说一方的坏话，这样非常容易培养孩子的仇亲心理，最容易引起孩子的心理以及性格的扭曲。

“爸爸不喜欢妈妈了，所以才经常跟妈妈吵架！”

面对妈妈伤心、无助的哭泣，孩子除了感到无能为力外，更多的是担心和恐惧，这种心理创伤会持续很长时间，甚至成为他们终生无法弥补的阴影。

合理解答

“孩子，爸爸妈妈不是在吵架，只是对同一件事情有不同的意见，所以说话的声音大了点，是不是吓着你啦？爸爸妈妈答应你以后注意，好吗？”

父母争吵后要及时对孩子进行安抚，当然最好的方法是不要大声争吵，以免给孩子造成不必要的伤害。

“你放心，爸爸妈妈不会因为吵架而影响大家的感情的，你看，我们还是一个完整的家，爸爸妈妈还是最爱你的爸爸妈妈！”

受周围生活实例和大众媒体的影响，很多孩子认为父母吵架的下一步就是离婚，这种恐惧使他们内心非常不安和担心。一旦父母吵架，孩子就会变得非常恐惧，长久处于这种恐惧和压抑的状态下的孩子，性情会有严重改变，因此父母一定要打消孩子的这种疑虑。

爸爸是不是不要我了？

自从爸爸妈妈上次激烈争吵后，5 岁的小雨再也没有看见过爸爸。

他非常想念爸爸，特别想问妈妈，但是一看到脸上没有一丝笑容的妈妈，就不敢问了。

小雨快十天没有见过爸爸了，爸爸从来没有离开过他那么长时间，他实在忍受不住，怯生生地问妈妈：“妈妈，我想爸爸了，爸爸到哪里去了？他为什么不回家？爸爸是不是不要我们了？”

类似问题

爸爸是不是不爱我了？

妈妈为什么不回家，她是不是不要我们啦？

解说

在现代社会，人们对离婚已经能够保持一种较为宽容的态度。法律规定了离婚自由，为那些追求高质量婚姻生活的人提供了较大的空间和可能。

父母离婚，标志着夫妻关系在法律上解除了，但是父母与孩子的关系并没有因此而终结。父母有责任、有义务处理好离婚带给孩子的一系列的问题，否则，会给孩子幼小的心灵留下沉重的阴影。

对年幼的孩子来说，父母离婚是个严重的恶性心理刺激，会给孩子带来巨大的心理创伤。在经受父母离异的打击后，2～3岁的孩子表现出倒退行为；3～5岁的孩子会产生自责、退缩等心理，容易发怒、打人；5～6岁的孩子则容易产生抑郁、焦虑、自卑等心理，并且容易和父母疏远、过早结交异性朋友；6～8岁的儿童容易恐惧、悲伤，期望爸妈和好如初；8～10岁的儿童出现失落感，拒绝成人帮助，孤独、不爱接触人，愤怒，忌恨父母。

只要离异的双方处理得当，让孩子同样体会到父母的关爱，让孩子感觉离婚后与离婚前没有什么太大的区别，同时将离婚对孩子的伤害减小到最低限度，孩子还是会对生活和感情有信心的。

其实，只要保持自己的责任心和父母意识，用坦然勇敢的态度对待离异的现实，单亲家庭同样可以为孩子提供健康成长的好环境，也能为孩子创造一个好的家庭氛围。

常见回应

“都是你不听话，所以爸爸不回家，不要我们了！”

父母离婚对孩子来说，本身就是一件很不幸的事情，如果父母又人为地加重孩子的心理负担，则更加会令人孩子伤心和痛苦。

“爸爸在外面找了个坏女人，不要我们了，他是个坏蛋。”

“爸爸不要你了，我们再也不理他了，不要他来看我们，好吗？”

现实中，一些父母在告诉孩子离婚的理由时，做法很不妥当。他们为了争取孩子的抚养权，让孩子站到自己的一边，总是千方百计摆自己的理，说对方的不是，严重破坏了父母在孩子心中的美好形象。一旦争取到孩子后，又总是想方设法阻止孩子与另一方接触，甚至以此来报复对方，导致孩子无所适从。试想：一个心中父母形象都不完整、或者受到某种扭曲，而又得不到完整父母之爱的孩子，还会有一个快乐幸福的童年生活吗？心理上会像正常家庭的孩子那样开朗、健康、向上吗？

“我和你爸的日子没法过了。”

孩子是不是会因为你的回答，对生活失去信心，父母离异这样重要的事情，仅仅因为一个“简单”的原因？

合理解答

“宝宝，爸爸妈妈已经不相爱了，再生活在一起也是不会幸福的，离婚对爸爸妈妈都好！但是，爸爸妈妈对你的爱是不变的，你永远都是我们的心肝宝贝！”

冷静地告诉孩子，双方并没有什么过错，只是俩人生活不到一起，离婚是为了更好地生活。不管这些是不是父母的真心话，这样对于孩子来说，不至于破坏父母在孩子心目中完整、美好的形象，减少孩子生活中的缺憾，使孩子在心理上继续保持较为自然健康的亲子关系。同时，还要明确地告诉孩子，父母虽然离婚了，但孩子与父母任何一方的关系还继续存在，离婚后父母还像过去那样爱他，尽可能地减少孩子因父母离婚而产生的恐惧。

“宝宝，爸爸妈妈离婚是想结束过去那种痛苦的生活，开始自己的新生活，这样大家的痛苦都会少一些，幸福就会多一些。”

离婚，对当事双方来说，是不幸婚姻的结束，是一种解脱，是新生活的开始，但是对于尚年幼的孩子来说，则是晴天霹雳。父母如果不能很好的处理离婚时发生的一些矛盾和纠葛，将给孩子心灵上造成无法愈合的创伤。所以父母要及时教育孩子以一种健康的心态看待离婚，为孩子创造出正常的生活氛围，促进孩子身心健康发展。

“孩子，离婚是一种很自然的事情，没有什么丢人的，不要把别人的议论放在心上。如果别人要议论的话，那并不是因为爸爸妈妈或者你有什么不好，而是议论的人不文明、不道德，他们那样做是没有礼貌的表现。”

父母离婚，除需对孩子抚养、教育、监护和探视等各方面做出妥善的安排之外，还要尽量考虑孩子各方面的心理感受，对其进行正面的教育，减少孩子因为父母离异而在同学和朋友面前的窘迫和羞耻，避免孩子对未来和将来的婚姻失去信心，减少父母离婚给孩子带来的伤害。

专家点评

家庭是孩子来到世上的第一所学校，也是一个小社会，不论是什么样的家庭都应处理好家庭关系，家庭成员尤其是父母对孩子有着潜移默化、举足轻重地影响。

人都本能地需要温暖和安全以及被接纳、被认同的归属感，孩子更是如此。为了孩子的健康成长，父母以及其他家庭成员应共同营造一个和睦的家庭关系和氛围。在日常生活中，父母应尽量避免矛盾纠纷的发生，尤其不要在孩子面前公开争吵，意见不同时也不要当着孩子的面公开暴露分歧，而应事后通过商量，取得共同认识，否则容易导致孩子情绪不稳定、烦躁、心灵失衡、恐惧等，同时也会使孩子失去对父母的尊重和信任，有些还会影响到孩子的学习成绩，给孩子造成不良影响。父母尤其要注意双方离异以及重建家庭给孩子带来的影响，尽量稳定自己的情绪，多给予孩子关心和爱护，减少负面影响。在不健康的家庭关系中成长的孩子的道德意识和责任感较弱，容易出现各种问题。父母关系密切，婚姻美满，亲子关系密切，家庭成员之间相互关爱，就能够为孩子的成长创造一个健康、良好的环境。而对于生活在单亲家庭、破损家庭和隔代家庭等不完整家庭中的孩子，家庭的不同成员都应从关爱孩子，为下一代着想出发来处理好家庭关系。

一个有问题的孩子的背后往往存在一对有问题的父母。总之，不论是什么家庭，都应营造一个良好的家庭关系和气氛，以便让孩子在良好的环境下健康成长。

第五辑

伙伴

现在的孩子大都是独生子女，尤其是城市里的孩子，现在的生活形式使他们彼此封闭，互相隔绝。每个家庭都有着高度的独立性，对周围的人和事漠不关心。节假日时，父母又要孩子在家好好学习，或者送孩子去各种辅导班，不准外出。还有一些父母谈玩色变，把孩子结伴玩耍视为孩子变坏的标志，千方百计阻止孩子跟别人一起玩耍，生怕孩子在外受委屈、染上坏习气以及影响学习等，这样严重缩小了孩子的活动范围，减少了孩子室外活动以及与社会交往的机会。

事实上，心理学研究表明，良好的友伴关系在每个人的成长过程中都起着无法替代的作用。

一、友伴之间的交往为孩子提供了学习他人良好品质、优点等的机会，为孩子适应社会打下良好的基础：孩子在与友伴交往中，会学习到怎样与他人建立良好关系、解决问题、化解冲突等。

二、友伴之间的交往可以满足孩子爱与归属以及尊重的需要：孩子在被伙伴友善接纳后，并要有一定的位置，就会受到同伴的尊重和赞许，获得归属感、亲密感等。

三、友伴之间的交往是孩子获得信息的渠道：孩子能从伙伴那里得到一些同年龄段新鲜的知识。

孩子之间的交往，实际上是一种同龄人的自我教育，他们平等交流，互相学习，互相促进，取长补短，获得信心。在活动或者游戏中，他们会根据各自的特点，寻找自己的位置，努力去充当好各种角色，从而使他们的才能得到发挥和发展。这种与友伴交往的乐趣和作用是家庭和父母所无法代替的。

虽然，友伴之间有时会发生一些矛盾和冲突，但那些矛盾和冲突能培养孩子分析问题、解决问题的能力，能增强孩子识别是非的能力，培养孩子与小伙伴之间相互合作、相互学习的精神，使孩子变得更加聪明和懂事。

童年拥有自己适合的友伴是儿童成长过程中一笔宝贵的财富。作为父母必须重视孩子的友伴群体交往，在帮助孩子选择合适友伴的同时，多给孩子提供一些对外交往的机会。在与友伴交往的同时，父母要适时地给予指导，积极培养孩子与别人沟通交往的本领和能力，使孩子正确地处理好与友伴之间的人际关系。

安安欺负我怎么办？

欣欣今年3岁，刚上幼儿园。妈妈一直教育她不要动手打架，要友好对待小朋友和同学。

一次，欣欣哭着回家，脸上明显有一道被指甲抓破的痕迹。

“呜呜，妈妈。”看见妈妈后，欣欣的哭声更大了，她委屈地说，“那个安安今天又欺负我了，我不想上幼儿园了。”

妈妈很早就知道，隔壁邻居家的女儿安安虽然只有3岁，个子还没有欣欣高大，可是从小就恃强凌弱。

原来，今天做游戏，欣欣与安安被分到同一组。当她们商量游戏方法时，两个孩子想法不同，几句争吵之后，安安大打出手，而欣欣则因为一直被妈妈教育不要打架，因此始终没有还手，最后还被安安抓破了脸。

类似问题

念念总是打我，我不上幼儿园可以吗？

是不是个子大就可以欺负人啊？

解说

孩子之间的嬉戏打闹是不可避免的，甚至有打架的事情也是正常的。父母不要过于担心孩子的攻击行为，也不要过分紧张自己的孩子被欺负了，这个时候家长的行事方式会给紧张的孩子留下更深刻的印象，父母尤其要做理性和智慧解决问题的表率！

一般说来，父母应该向孩子说明打架是愚蠢的行为。如果孩子们的冲突比较激烈，家长可以参与调解，并在调解过程中指导孩子正面面对冲突，注意教给孩子运用合适的方式与他人交流。

但是，要求一个孩子在被打的时候仍然不做反抗，这样的父母无疑也是愚蠢的。一般情况下，孩子们会对一个没有自卫能力的孩子很不仁慈。他们每个人都想拥有最好的玩具，都想根据自己的利益决定游戏场所的规则。如果他们发现只要挥动结实的拳头打在玩伴的鼻子上，就可以居于优越地位的话，缺少反抗意识和能力的孩子就会处于越来越弱势的地位。勇于自我保护，通过自卫赢得自尊也是孩子应该尽早具备的能力和品格。自卫使孩子既保护了自己的身体，也保护了自己的心理。当武力制止了对方进一步伤害自己的时候，自卫者就会在心理上取得巨大的胜利，他会感到：我不是一个任人宰割的人，我有我的尊严。但同时，父母更应该让孩子明白：这种“以牙还牙”的暴力行为只是保护身体、捍卫自尊的最低级的手段，在万不得已时才需要使用。在文明的社会里，有修养的人不应该用暴力的方式反对暴力。实际上，这种维护自尊的原始方式常常无法真正有效地解决问题，反而会造成更大的伤害。所以，父母在教给幼小的孩子“以牙还牙”方式的时候，如果能够引导孩子采用更为文明的自卫方式，孩子的心理和意识就会得到更大程度的发展。

总之，最重要的一条原则是：教孩子学会自己解决冲突。没有社会经验的孩子在交往过程中总会发生各种各样的矛盾，打架只是矛盾激化到了一定阶段的一种表现形式，因为孩子的语言表达能力有限，对于不能达成一致的激烈争执往往会借助于肢体语言。如果孩子的打架行为发生在正常交往中，而且并不十分厉害，家长就不必大惊小怪，不应过多干涉，也不要如同法官似的审问、裁决，切不可偏袒，更不可因此在成人间引起矛盾。让孩子们自己去解决，有利于提高他们的协调性和社会交往能力。

谨记：教育子女不要打架和伤害别人是明智的，教育子女通过正当自卫赢得自尊同样也是明智的。

常见回应

“她比你小，你应该让着她啊！”

父母承担着孩子对成年人的信赖，担负着保护他们心理健康发展的责任，父母必须公正地处理孩子之间的冲突。面对本来已经受到委屈和伤害的孩子，如果父母不管情况还继续教育孩子一味忍让的话，孩子对父母就会失

去依赖感和安全感，这样容易培养孩子懦弱的性格。

“真是没用，她打你，你不会打她啊！”

还手就能证明自己的孩子“有用”吗？一些家长认为自己的孩子受到别的孩子欺负，是孩子缺乏勇气，长大会养成懦弱的个性，于是他们责怪自己孩子的无能，教孩子“以牙还牙”。这样盲目地教导孩子，容易造成孩子盲目的暴力迷信，在今后遇到相似情况的时候，先入为主地认为只有以“以暴易暴”才是真理。

“妈妈帮你教训她！”

有的家长过分心疼孩子，不能容忍自己的孩子受到半点委屈，发现自己的孩子和别的孩子打架，尤其是觉得自己的孩子吃了亏，就吓唬，甚至训斥和动手打别的孩子。这样一来，不但孩子的问题没有解决，连家长也跟着栽了进去。

合理解答

“不论是在幼儿园还是在楼下的花园玩，如果安安再无缘无故地动手打你，你要记住保护自己的权利，要还击。你并不比她个子矮，相信你不会吃亏的。”

避免孩子的心理受到伤害是非常重要的。许多时候，孩子的身体并没有受到多大的伤害，但是，孩子的心理却面临很大危险。如何保护孩子，使他拥有健康正常的心理，这是许多父母应该尽心学习、耐心实践的。但父母在教孩子“以暴制暴”方式的时候，要引导孩子理解其他更为文明的自卫方式。

“她无缘无故地打你是不对的，说不定她现在也正在后悔呢！如果你还想继续和她做朋友的话，就和她好好谈一谈，说不定你们的关系会更好呢！”

在这个时候，父母应给予孩子必要的提醒和暗示，让孩子学会处理一些自己能处理的矛盾。

“打架是不对的，好孩子更不应该欺负别人。受别人欺负了，既不能以暴制暴，当然也不能忍气吞声，而是应该有理有节地运用各种技巧在保护自己权利的同时，学会正确地协调和小伙伴之间的关系。”

如果孩子是第一次发生和其他小朋友打架的行为，作为家长，应当正确认识孩子在交往中打架的行为。孩子在交往中打架，是他们在群体交往中协调、解决矛盾的一种手段，孩子们就是通过这种不断解决矛盾的过程，学会怎样坚持独立的见解，学会怎么竞争、怎么协调，学会适度地表现自己，培养忍耐能力，不断增长与孩子交往的知识。

我怎么才能让艾艾喜欢我呢？

有一天，一向爱眯眼笑的小米耷拉着脑袋从幼儿园回到家里。看着他撅着的小嘴，红红的眼睛，妈妈心疼地问：“宝贝，这是怎么啦？是不是挨批评了？”

小米抬起脑袋，委屈地看着妈妈，说：“我喜欢和艾艾玩，今天我摘了花送给她，还给她吃我的巧克力和点心，我对她可好了。可是，为什么她还是说，她只喜欢凯凯，不喜欢我呢？”小米苦恼地问妈妈，“妈妈，我是不是失恋了？我怎么才能让艾艾喜欢我呢？”

妈妈大惊失色，一时也不知所措起来。

类似问题

我失恋了怎么办？

艾艾不跟我玩怎么办？

解说

突然听到自己还没有上学的小宝宝宣布喜欢上了同班的小朋友，相信所有的妈妈都会和小米妈妈一样大惊失色。事实上，这是一种很正常的现象。

当一个四五岁的孩子宣布“我爱某某”时，通常只意味着他很喜欢和某某在一起。而他们之所以使用“爱”、“喜欢”这类让父母亲吓一跳的字眼，

其实只是因为他曾经听大人们这么说过。小家伙会从大人们的谈话中了解“爱”的意思是非常喜欢某个异性，当然，小孩子也可能会把这种感情表达用在同性身上，但无论如何，这与性，与真正意义上的浪漫爱情毫无关联。这只不过是一种既温暖又可爱的情感，只有一种简单含义：你的宝贝渴望和另外一个小孩子建立一种联系。而且，就好像孩子们总会有新的玩具，这种情感也往往会在短时间内消失（不过也有极少数例外，会持续很长很长时间）。

对于这个年龄段的孩子来说，第一次的情感经历（很多时候以挫折告终）会成为他们人生路上很有价值的一种体验。一方面，他们开始学习处理自己的情感；另一方面，他们会了解如何倾诉，尤其是对妈妈倾诉。

这个年龄段的孩子感情通常都特别丰富，而且善于模仿大人的行为。以前只局限于对家庭成员的情感，会随着他们活动范围的扩大而开始逐渐蔓延。与此同时，他们还开始模仿成年人对爱的处理方式。这就是为什么沉浸在“爱情”中的小孩子往往谈及“结婚”，有的还一本正经地弄个婚礼什么的。表面上，这些行为似乎是孩子们早熟的表现，但事实上是非常符合四五岁孩子的年龄特征的。

随着孩子年龄的增长，他的活动能力越来越强，范围也渐渐扩大。他的生活开始有一部分超出父母的视线之外，父母也不再像从前那样能了解到孩子的每个生活细节。

但是，作为父母，请记住：不管孩子主动暴露了他的情感秘密，还是你偶然发现他和一个小女孩手拉手走在小公园里。你可以感觉惊讶或者好笑，但请保持一张平静的面孔，不要嘲讽，不要笑出声来，也不要对孩子说什么他太小了还不可以爱别人这样的话。要尊重孩子的情感，并且让他感觉你绝对是一个可以依赖的倾诉对象。

⊗ 常见回应

“我们家宝宝那么帅，还怕找不到小伙伴玩嘛！”

“她不喜欢你就算了，干吗非要她喜欢你呢？”

孩子与小伙伴交往失败后，非常需要父母的慰藉和帮助，父母要适当地给予安慰，尽快帮助孩子抚平心底的创伤。

“你那么小就开始谈恋爱了啊？小小年纪不知道好好学习，谈什么恋爱啊！”

无论孩子主动对父母倾诉什么事情，父母都应平静地面对和回答，不要嘲笑、不要训斥，否则以后再想要让孩子主动跟父母倾诉事情，恐怕就是难上加难啦！

“走，妈妈帮你跟她说去。”

不要急着马上就挡在孩子面前，试图替他改变一切。父母应该帮助孩子学会自己处理自己的问题。这种经历其实是成长道路上重要的一部分，将帮助孩子逐渐建立抵抗挫折的能力和自信心。

合理解答

“宝宝喜欢的人不喜欢宝宝，这确实让人伤心。那你现在需要哪些帮助呢？”

很多时候，遭到拒绝的孩子需要的只是一点点安慰和同情而已。如果孩子表现得非常悲伤，你可以先问问他是否需要你的帮助，然后给他提供几个建议。比如：如果我是你，我就去找其他小朋友玩。或者你想想，你其实还有很多好朋友呢，他们都喜欢跟你在一起。

“你跟艾艾交朋友，让艾艾喜欢你啊？那就得你自己好好想想办法了。妈妈可以告诉你怎样跟小朋友交朋友，朋友之间要诚实坦白，有好东西要分享，还要有自信，不能因为一点儿挫折就放弃。我们做完这些，看看结果怎么样好吗？”

孩子受挫时，作为父母应该给予孩子适当的指点和帮助，以改变孩子的状况，并帮助孩子分析每一个朋友的特点，对照他们，指出孩子的优点和不足，让孩子在和同伴交往中逐渐学习别人的优点，克服自己的缺点。

“宝宝，妈妈知道你很伤心。因为妈妈小时候也喜欢过一个人，可是他不喜欢妈妈。你看妈妈现在是不是很快乐？其实啊，喜欢妈妈的朋友有好多，妈妈和他们在一起照样玩儿得特别高兴。你也一样，兰兰、晓月不都是你的好朋友吗，和他们在一起玩儿，不是也很好吗？”

作为一位妈妈，不仅要关注宝宝生理的健康，更要细心观察他的心理发展，要学会采取和缓的方式来应对宝宝让你措手不及的问题，在宝宝的成长中，父母也在成长。

为什么雯雯可以亲我，我却不能亲她呢？

幼儿园讲故事比赛，小伟得了第一名，大家都说他讲得好。比赛完后，班上的“白雪公主”雯雯突然跑过来，抱着小伟在他脸上亲了一口，小朋友纷纷鼓掌，朱老师也笑眯眯地跟着鼓掌，小伟觉得太高兴了。

过了几天，大家玩儿捉迷藏游戏，小伟趁雯雯没注意，猛地冲上前抱住雯雯，并在她的脸蛋上狠狠地亲了一口。雯雯“啊”的一声尖叫起来，还喊道：“你讨厌！”一旁的朱老师批评了小伟：“真不像话，你是男孩子，怎么能随便亲女孩子呢？”

小伟觉得自己委屈极了，回家问妈妈：“为什么她可以抱我、亲我，我就不能抱她、亲她呢？”

类似问题

为什么不能随便亲女孩子？

解说

在孩子成长的很长时间内，“界限”这个词对他们来说都是十分不可捉摸的。他们更多的时候是凭自己的本能和兴趣去行事的，对他们的行为来说，“童言无忌”就是最好的注解。只要喜欢的，孩子就会按照自己的理解去做，他们跨越边界的行为，常常让大人哭笑不得，他们对于自己行为受到的批评也会感到困惑不解。

常见回应

“你这不是耍流氓吗？这么小就占女孩便宜，长大了还得了？！”

孩子表达喜欢的方式在大人的眼里是太直接了，可是这就是他们自己的行为方式呀！孩子性格直白外露，有利于他们健全人格的形成，如果矫枉过正，对他们的行为过于严厉地指责的话，你可以想象自己的孩子会变成什么样！

“行了，小女孩娇气，别理她们！”

原来不是自己的问题！孩子会怎样理解别人的反应、老师的批评？妈妈这样的回答，只会让孩子更加受伤，他们失去了一个认识“界限”的机会！

合理解答

“不管是对谁，都要让别人同意了才能亲他（她）。妈妈可以亲你，你也可以亲妈妈，那是因为我们都默许对方的行为，对家人以外的人，他们不了解你，所以没有经过同意，你不能亲他们的。”

好妈妈告诉孩子交往的基本原则是要学会彼此尊重。好妈妈还会告诉孩子，表达喜爱的方式，还有很多种，如握手、击掌、拥抱、点头等，让孩子学会选择不同的方式去表达自己的情感！

“你要是突然被人亲一下，是不是也会吓一跳或者不舒服呢？”

通过提问和情景假设的方式，让孩子换位思考，认识到即使是表示喜爱，如果方式太突兀也会给人带来不愉快的感觉。

妈妈，我为什么不能和小宇一起玩儿？

一天，当小志又要去找小宇玩儿的时候，妈妈拦住了他，“你又要去找小宇玩呀？我不喜欢你同他过多地接触。”

小志不以为然地问道：“为什么？他又不是什么坏人。”

的确，小宇并不是什么不三不四的坏人，只是不爱读书。妈妈不能因此而

禁止小志与他交往。但妈妈又担心他们交往的时间久了，小志会受他的影响也变得不爱学习，失去上进心。因为“学好千日不足，学坏一日有余”。

类似问题

为什么爸爸不让我跟他玩儿?

解说

随着孩子年龄的增长，子女在喜好和兴趣，甚至交友等方面的看法都会与父母有分歧。这时父母对子女的一些喜爱与兴趣绝不能简单地禁止，而应在充分尊重的前提下与子女讨论，以求得共识或找出正确解决的途径。父母学会与孩子共同讨论既可以增加相互的理解，也可以避免家庭中一些无谓的争吵；更重要的是可以教会孩子在社会上怎样做人和与人共事。因为我们在日常生活和工作中，只要与人相处，分歧是不可避免的。

常见回应

“我不允许你跟他玩儿，你就是不能跟他玩儿？”

教育孩子是严格的，但不是通过专制手段强迫孩子服从。对孩子的严格取决于道理，讲道理，以理服人，比其他强迫都有力量。

“他不爱学习，你跟他玩儿也会变得不爱学习的！”

父母担心孩子不热爱学习的心理是可以理解的，但父母以自己的观点和角度对孩子以及孩子的朋友妄加评论是不可取的。

合理解答

“小宇是个不坏的孩子，但是他有一个严重的缺点，不爱学习。而青少年时代正是你们应该发奋读书的时候，错过了这个黄金时期，你们将来会受到一生中无法弥补的损失。你如果真心与他交朋友，你就应帮助他努力学习。你如果做不到这一点，你就必须与他保持一定的距离！”

坦言告诉孩子父母的担忧，不但能让孩子真正理解父母的苦心，而且孩子对于父母的话会更加信服。更重要的一点是，借助这个机会可以教育孩子在与其他孩子交往时，应该积极学习他们的优点，对于他们的缺点一定要摒弃。

为什么要把我的玩具给他玩儿?

妈妈带艳艳到邻居李阿姨家去串门。李阿姨两岁的儿子彬彬正坐在地板上玩小汽车，艳艳看见小弟弟，跑过去陪他玩儿。彬彬一眼瞧上了艳艳手中的天线宝宝，便哭着喊着要。

艳艳把玩具藏在自己的身后，不肯拿出来。妈妈劝艳艳："妈妈不是跟你说过，有好东西要和朋友分享吗?把你的天线宝宝借给彬彬玩玩儿好吗?"

艳艳的手还是不肯拿出来，摇摇头："我的玩具才不给他玩儿呢，他会弄脏的!"

妈妈有些生气了："你怎么不知道让着小弟弟呀?他刚才还让你玩儿他的小汽车呢!你希望他这样哭下去吗?"

艳艳想了想，终于说："那好吧!"便把手中的玩具递给了彬彬。彬彬立刻破涕为笑，坐到地板上玩儿起了天线宝宝，艳艳也开始专心地玩儿起地板上的电动小汽车。

一会儿，彬彬玩儿腻了天线宝宝，又跑过来，抓起艳艳手中的小汽车，"呜呜"地在地板上爬着，手上还攥着天线宝宝不放。

望着左手握着天线宝宝、右手握着小汽车的彬彬，艳艳满脸委屈地对妈妈说："妈妈，你不是说玩具要和小朋友一起分享吗?为什么我的玩具给他玩，他的玩具不给我玩儿呢?"

类似问题

我不想把我的玩具给小朋友玩儿，可以吗?

为什么我的玩具给他玩儿，他的却不给我玩儿呢?

解说

在进入集体生活前，孩子一般只限于与家人交往，父母长辈处处都让着自己，形成了严重的“自我中心”意识。可是进幼儿园后，面对许多与自己同样身份的小伙伴，孩子会发现自己丧失了“特权”和优势，产生了严重的失落感。

如何培养孩子乐于分享的个性，是今天独生子女家庭急需上的一课。孩子不会分享，就不会真正成熟，不会在社会上受到欢迎。

如何培养孩子的分享意识？

首先家长要以身作则，树立榜样。家长是孩子的最早的老师，也是孩子刻意模仿的重要对象。孩子受到父母的影响最大，父母鼓励孩子分享，孩子就会乐于与人交往；父母自私狭隘、生怕吃亏，孩子则会变得霸道、小心眼儿。当然，如果一味地教育孩子忍让，轻易把自己喜欢的东西让给别人，会影响孩子正常的心理发育。在一定程度上，孩子会变得丧失自信和自尊，性格懦弱、胆小、孤僻。孩子的同龄人，也是他们观察学习的榜样、借鉴的典型，家长可以和孩子讨论不同小伙伴的行为，学习优点，避免缺点。

其次是要不断训练孩子的分享行为。例如：让孩子主持为家人分食的工作，当他的工作得到肯定，他也会体会到分享的快乐；可以邀请别的孩子到自己家做客，或带孩子到别人家玩儿，孩子们在交流和沟通中会理解分享的原则。

再次，对于孩子的分享行为要进行一定的区分，让孩子在不同情况下，按照不同原则进行分享。首先是要树立他们平等分享的观念，对于周围情况相同的人不能有偏颇，要平等对待；其次是和所有的伙伴共同分享。在分享的方式上，还有轮流分享、礼让分享等。孩子逐渐熟悉这些原则和方法，就会很好地做到既有分享的意识，又能保护自己的利益，真正体会分享的快乐。

但是分享的前提是尊重，是在孩子和别人愿意的基础上。因此，尽管要倡导孩子分享，但如果孩子实在不愿意，也应该尊重孩子的意愿，不要强迫他把自己喜爱的玩具让给别人。

 常见回应

“你怎么那么没礼貌啊，把你的玩具给他玩儿！”

为了所谓的“有教养”，不顾孩子的感受，强行让孩子割爱，可能以后你的孩子就不会珍惜什么，也不会为自己争取什么了！

“你有那么多的玩具，给他玩儿一下算什么？”

孩子不肯与别人分享，部分原因是因为珍惜自己手中的玩具。如果不顾及孩子在保护自己利益方面的积极因素，用不恰当的理由让他们放弃自卫，就会对他们的情感造成伤害！这样回答的妈妈请想一想：他们会因此变得对很多东西毫不在乎。

“他不给你玩儿，你就别跟他玩儿。”

“以后不要跟这样的人玩儿。”

应该允许自己的孩子犯错误，他们会在改正错误中成长；也要允许别的孩子犯错误，自己的孩子会在保护自己不被别人的错误伤害中成熟。一味教育孩子采取“鸵鸟政策”，会使他们丧失斗争的勇气，变得懦弱和无能！

合理解答

“你有一件好玩具，小朋友也有一件好玩具，如果你们一起玩儿，不是就有两件好东西玩儿了吗？”

告诉孩子分享的过程和结果是愉快的，并设置一些两个人一起玩儿的游戏，让孩子体会到合作与分享的快乐。

“也许那个小汽车是他刚得到的，他很喜欢，所以舍不得给你玩儿，妈妈刚给你买新玩具的时候，你不是也不愿意给别人玩儿吗？”

当别人拒绝和自己分享时，好妈妈会让孩子进行换位思考，分析具体原因，转移她的注意力，从心理上安抚孩子。

“你看，每个人都有自己的权利，你要玩儿他的东西，就要经过他同意。如果他不喜欢给你玩儿，那我们也不勉强。不过，你可以跟他说，他的玩具

不给你玩儿，他也不能玩儿你的玩具。”

告诉孩子分享的原则是要彼此尊重，否则就会丧失分享的机会和乐趣。虽然孩子可能没有从同伴那里得到分享的快乐，但他至少知道，如果把自己的玩具当成宝贝，不让别人碰，那么就只能孤独地玩儿自己的一件玩具，还会失去了和小伙伴一起玩儿的乐趣。

专家点评

中国青少年研究中心副主任、《少年儿童研究》杂志总编、北京师范大学兼职教授孙云晓曾说：看一个孩子的成长是否健康，重要的是看他有没有朋友；没有朋友的孩子比考试不及格更为严重，不会交往的孩子比他的学业失败可能还要严重。

孙教授的一句话充分道出了在孩子成长过程中友伴的重要性。教育的核心不是传授知识，而是培养孩子的健康人格，再好的父母也不能替代同龄友伴在孩子成长过程中的作用，父母万不可借助什么“为了孩子专心学习”等理由盲目地切断孩子与其他孩子交流、相互学习的机会，忽略友伴关系的重要性。

第六辑

学习中的烦恼

人，在教育中发育和成长。学习，是人一生进步的动力源泉，也是伴随人一生的责任。从婴儿降临到人间的那一刻起，他就开始了学习，而那时家庭是他的第一课堂，父母是第一课堂上的启蒙老师。

随着孩子年龄的增长，孩子到了去幼儿园接受学习和教育的年龄。幼儿园是孩子从家庭到学校的过渡，也是幼儿从家庭生活走向社会生活的第一个站点，它既有家庭的温情和宽松，又能使孩子开始启蒙学习并适应规律有序的生活。孩子在与幼儿园小朋友的交往中以及老师的引导下，能培养他们关心他人、与人友爱、互助以及分享等良好的品质，在这方面的发展和教育是家庭环境无法代替的。另外，幼儿园还能培养孩子与外界的交往能力，使孩子了解自己以及别人所懂得的知识，能发展孩子的感知、语言、行为、思维以及想象等方面的能力，增长孩子探索世界的欲望。

所以父母适时地送孩子到幼儿园以及学校进行学习是非常必要的。而在孩子学习的时候，父母应尽量避免一些误区。父母不要一味地给孩子施加压力，强迫孩子学习，而不考虑孩子的感受。对于父母自己想做却没有做好或者没有机会做的事情，不要不管孩子是否接受或者是否感兴趣就强行压在孩子身上，为孩子安排这个学习班或者那个学习班，剥夺孩子休息以及玩耍的时间。

第一节　幼儿园·学校·老师

小雪快6岁了，马上就要上小学了，但她坐不住，整天想玩儿。

前几天在学校下楼梯时，小雪一不小心滑倒，导致了趾骨骨折，只能在家休养。

一天，奶奶对小雪说："宝宝，你在学前班不是学拼音了吗，写几个让奶奶看看好吗？"

一听奶奶的话，正在看电视的小雪顿时撅起了小嘴，说："我想看电视不想写拼音。"

"那奶奶出几道算术题，你计算一下好吗？"奶奶穷追不舍。

小雪突然大哭起来，说："我就是不想写也不想算，我不要上学了！"

我不想去幼儿园可以吗？

3岁的萍萍是个天真活泼、人见人爱的小女孩。可是这几天她一直撅着小嘴，好像很不开心的样子。

妈妈发现一向笑嘻嘻的女儿情绪突然变化，不知所以，问萍萍："宝宝，到底怎么了？谁惹我们家小萍萍啦？"

萍萍委屈地看着妈妈："妈妈，我可以不上幼儿园吗？"

原来是妈妈前几天跟萍萍说要送她上幼儿园的原因。

妈妈接着问："可是宝贝，为什么呢？"

"上了幼儿园，我一天都看不到妈妈，我好害怕啊！妈妈，我为什么要上幼儿园呢？"萍萍哭着问妈妈。

类似问题

为什么非要我上幼儿园？

我不想去幼儿园，可以在家里和妈妈玩儿吗？

解说

学龄前教育是孩子从家庭迈向外部环境的第一步，也是孩子人生中非常关键的一步！但是有些年幼的孩子并不理解父母送他们到幼儿园的良苦用心，对上幼儿园非常抵触。孩子害怕与家长分离、害怕幼儿园的陌生环境等因素都有可能成为孩子不愿意上幼儿园的原因，父母要针对不同的情况，采取不同的方法对孩子进行说服和教育。

常见回应

“宝宝不想去，那就不去了！”

孩子有接受教育的权利和义务，父母不要因为一时不忍心孩子哭闹就妥协，就放弃让孩子接受启蒙教育，这将对孩子的一生产生不利的影响。

“不上幼儿园（不上学），你想成为废物啊！”

直接训斥、辱骂孩子甚至体罚孩子是最愚蠢的一种教育方法，非但不会得到任何效果，还会适得其反，后患无穷。

“你必须去幼儿园（上学），这是你的义务！”

幼小的孩子心里是根本没有“义务”这个概念的，所以父母这样回答不但不会使孩子心甘情愿地上幼儿园，而且容易导致孩子对“义务”产生强烈的反感，以至于将来抵制履行自己的义务。

合理解答

“宝宝，幼儿园里可好玩儿了，那里有很多可亲的老师给你讲故事，教你唱歌、跳舞，很多可爱的小朋友和你一起捉迷藏，还有很多好玩儿的玩具，比家里好玩儿多了！”

经常用形象的有诱惑力的语言给孩子描述幼儿园的好处，引导孩子把“快乐”和“幼儿园”这两个概念联结在一起，使他一听到幼儿园就会联想或感觉到快乐，诱导孩子对新的环境和生活产生强烈的期盼，消除他们心中的对陌生环境的恐惧感，尽快融入新的环境。

“你看，咱们每个人都有自己一定要做的事情，爸爸妈妈的事情呢，是工作，养活你和爷爷奶奶、姥姥姥爷；你现在要做的事情呢，就是到幼儿园，学会和小朋友一起相处，让老师好好教你们本领，将来长大了呢，也可以好好工作，养活爸爸妈妈，这样才能成为一个大家都喜欢的人。”

用平等的口气告诉孩子，每个年龄阶段的孩子都有自己必须好好完成的任务，爸爸妈妈小时候也要经历这些。完成学习任务后，爸爸妈妈的任务就是工作。

我是不是要像其他小朋友一样送老师贺卡呢？

教师节到了，孩子们都在忙着为老师准备精美的贺卡。

梦梦从小被父母教育要节俭节约，非常为难跟爸爸妈妈开口。

眼看着教师节就要到了，梦梦没有办法只有问妈妈：“妈妈，班里的小朋友都为老师买了贺卡，我是不是也应该像他们一样送老师贺卡呢？”

类似问题

教师节我是不是该送老师礼物呢？

老师生日，我是不是该给老师送礼物呢？

解说

教师让我们告别愚昧，挥别贫穷，充满智慧。教师也是无私奉献、不图回报、爱岗敬业、甘做人梯的楷模，他们的精神是永远值得我们学习和爱戴的。

所以我们不但自己要尊敬老师、热爱老师，还要教育我们的孩子尊敬老师。

常见回应

“别人都准备了，你为什么不准备呢？”

父母教孩子盲目地效仿别人的作为是非常不对的，这样会严重阻碍孩子个性的发展以及辨别和处理事情的能力。

合理解答

“在教师节送老师贺卡只是表达你对老师尊敬的一种方法，其实人们设立教师节的初衷是让你们记住老师为你们付出的辛苦，让你们从心里尊敬老师，这才是最重要的，明白了吗？”

告诉孩子只有发自内心地尊敬老师才是最重要的。

“孩子，教师节是一个向老师表达尊敬和感谢的节日，我们有很多种表达方式，你开动脑筋想想除了像其他小朋友送老师贺卡外，还可以有什么样的表达方式呢？”

父母多鼓励孩子思考问题、解决问题有利于培养孩子的处事能力、创新能力以及独立思考的能力，如果孩子实在想不出来，父母可以适当地作一下引导，如让孩子自己画张画送给老师等。

我不喜欢李老师，可以不上他的课吗？

放学后，豆豆非常沮丧地回到家，看见妈妈后的第一句话就是：“妈妈，我不喜欢李老师，我可以不上他的课吗？”

妈妈非常困惑，豆豆为什么会产生这样的想法呢？

类似疑问

妈妈能换个老师给我吗？

妈妈我可以不上课吗？

解说

有些孩子因为不喜欢某一位老师，于是不愿意上那位老师的课，作业也总是勉强应付，结果不但导致师生关系恶化，而且最令父母担心的是孩子的学习成绩也每况愈下。父母发现这种问题后，要及时对孩子不喜欢老师的原因做出分析，并采取不同的对策进行解决，否则会产生意想不到的严重后果。

常见回应

“不上课怎么能行呢！”

“别的小朋友都去上课，怎么就你特殊，不去上课呢？”

“是不是你犯错心虚不敢面对老师啦？”

面对孩子的任何问题和事情，父母都不要还没有问清事情的原委就开始冲孩子发火、训斥、辱骂，试想孩子以后还会再主动告诉你他的事情吗？

合理解答

“你为什么不喜欢老师呢？妈妈知道你不喜欢他肯定有你不喜欢他的道理，告诉妈妈好吗？”

听到孩子不愿上课后，不要暴跳如雷、厉声责骂，冷静地听孩子讲述不愿上课的真正原因非常重要，而且这也是解决问题的根本所在。

“孩子，不论你是因为什么原因而不喜欢老师，但是你要知道每个人都有缺点、都有不足，对于别人的缺点我们要给予包容和谅解。你想想看，你自己是不是也经常犯一些小错误呢？你犯错误后妈妈是不是每次都原谅你了呢？而且妈妈也没有因为你犯小错误就不喜欢你啊！老师辛苦地传授你知识、教你做人，你应该尊敬老师，不能因为老师的缺点就不喜欢老师，不上老师的课啊！”

以孩子切身的经历告诉孩子每个人都是有不足，都会犯错的，教育孩子以宽容的心包容别人的错误。最重要的是教育孩子必须尊敬老师，只有尊敬老师，才能建立良好的师生感情。

专家点评

作为父母都不想让自己的孩子输在起跑线上。如今，婴幼儿的早期教育也已越来越受到年轻父母的重视，而属于早期教育一个重要组成部分的幼儿园教育，是孩子与外界接触的第一个桥梁，父母更应该重视。

但是从家庭到幼儿园，生活环境发生了巨大的变化，有些孩子并不能适应，致使很多父母为孩子哭闹着不愿上幼儿园感到困惑。那么，怎样让孩子顺利地上幼儿园并尽快适应幼儿园的生活呢？

首先，让孩子建立“快乐”与“幼儿园”的联结，使孩子一听到幼儿园就会联想到或感觉到快乐。

其次，入园前经常带孩子到幼儿园看看，到各个教室走走，和老师拉拉手，和小朋友一起玩儿，逐渐让孩子熟悉幼儿园的环境，逐步接近、接受老师和小朋友，建立与老师以及小朋友的情感联系，提高孩子的安全感，逐步使孩子产生想到幼儿园的愿望。

第三，帮助孩子，让孩子在认知上接受幼儿园的行为方式、模式及交往规则。这样孩子才能更好地遵守各种规则，并成为规则的主人，才能更好地适应幼儿园以及将来学校的生活。

第四，为孩子做好入园的各种心理准备。如有可能，在入园前一天为孩子举办一个小型的庆祝会，祝贺孩子长大，上了幼儿园。让孩子感到，上幼儿园是件快乐和自豪的事。

此外，父母要坚持天天送孩子到幼儿园，不能因为孩子的不愿意以及哭闹就放弃，那样反而会增加孩子重新适应的负担。

第二节　学习与兴趣培养

麦克是一位篮球运动员，所以他经常在家中看一些篮球比赛的录像。而麦克5岁的儿子小奇受父亲的影响，对篮球也很是痴迷。

于是，小奇希望父亲也教自己打篮球。麦克当然非常乐意儿子以后也可以像自己一样成为一名篮球场上的飞人，所以，他决定把所有技巧都悉心传授给自己的儿子。

当然，这一切还是要从运球、传球、投篮这些篮球的基本功开始。

于是小奇每天就在自己的后院的篮球场不停地练习，一个球投完了就再投一个，一直如此往复。

直到有一天，小奇和麦克一起看比赛录像，小奇看到画面中的运动员，一个个健步如飞，闪转腾挪然后高高跃起大力扣篮，自己颇感失落，于是，练习投篮的时候也不像以前那样卖力了。

麦克发现这种情况之后，为了重新激起孩子对篮球的兴趣，就把已经放低的篮框降到了孩子跳起来能摸到的地方，并且告诉他，以后他可以随意地灌篮，就像那些著名的球星一样！

自此，小奇不仅体会到了灌篮所带给他的畅快感，也使得他重新激起了学习篮球的兴趣，并且又投入到麦克为他安排的基础课程之中。

为什么我要好好学习呢？

杨阳像往常一样带着家庭作业回到了家里。

杨阳很快完成了大部分的作业，但是做到最后一道数学题的时候，左思右想还是想不出来解题方法。而此时杨阳最爱看的动画片也马上要开始了，他显得非常着急，于是请爸爸帮忙。

爸爸非常耐心地给杨阳讲解了一遍，但是杨阳却没有听懂，时不时地看看爸爸又看看挂在墙上的闹钟。

爸爸发现了杨阳的问题，非常愤怒地说："为什么不专心学习？"

杨阳说："爸爸，我想看动画片了，学习那么烦，为什么要整天学习啊？"

类似问题

有没有不用念书的学校呢？

书上的东西那么难学，为什么还要学呢？

学了书上的东西有什么用啊？

解说

孩子厌倦学习是令众多父母非常头疼的一个问题，对此，父母不应该大动肝火，而应该找出问题背后的原因，对症下药，让孩子意识到学习的重要性，并重点培养孩子学习的乐趣。

常见回应

"等你长大了，就知道学习的重要性了！"

这种回答孩子的方式太过笼统，这个问题还会继续困扰着孩子，孩子不明白学习的真正原因，就很难对学习产生兴趣，家长也很难达到促进、激励孩子的目的。

"现在爸妈给你提供那么好的学习环境，你怎么还那么不知道珍惜呢？"

孩子产生厌学心理，父母应从培养孩子的学习兴趣入手，而不是一味地告诉孩子：为了给孩子创造一个更好的学习环境父母花费了多少心血。即使孩子能够理解父母的苦心，但是并不代表就能培养孩子对学习的兴趣。

合理解答

“孩子，随着你知识的积累你就会发现学习是一件很快乐的事情了，当你攻破一道难题时，当你成绩优秀别人向你投来羡慕、赞叹的目光，当你得到老师的表扬，当你得到亲戚朋友的称赞，你会真切地体会到成功的喜悦。”

父母除经常鼓励孩子之外，还应该采取具体的方法培养孩子学习的兴趣。

“孩子，你不是说将来想成为一个建筑师，设计出美丽漂亮的房子给大家住吗？可是你想想如果你不学习的话，怎么设计出外观美丽的房子和布局合理的房间？怎么知道建造房子需要什么样的材料、需要多少材料？”

父母可以从孩子的兴趣、梦想出发对孩子传授学习的重要性，让孩子真正理解学习的重要性，从而达到让孩子努力刻苦学习的目的。当然在漫长的学习过程中，有时孩子没有那么强的自制力，此时就需要父母的适当督导。

学小提琴太累了，我能不学吗？

7岁的慧慧，自从上次跟爸爸妈妈在电影院里看了《和你在一起》之后，对小提琴特别地喜欢，一看到关于小提琴的电视节目或者听见小提琴的琴声，就特别地入迷。

终于到了暑假，在慧慧的央求下，爸爸给慧慧买了一把小提琴，而且还在妈妈的带领下报了一个辅导班。

慧慧终于有了一把自己的小提琴，心中的欢喜无法用语言形容，小脸上整天带着笑容。

学习的过程是辛苦的，刚过了一个星期，慧慧就开始打退堂鼓了，赖在家里不肯去上课，“妈妈，我不想学了，能不能不学啊？”慧慧对妈妈说。

类似问题

我不喜欢画画，可以不学吗？

为什么妈妈让我学古筝，自己却不喜欢学呢？

解说

一般情况下，孩子会在以下三种情况下出现抵制学琴的情形：一是贪玩的时候；二是没有任何兴趣的时候；三是遇到困难不会拉或拉得不好的时候。父母要针对三种不同的情况区别对待。

如果孩子是因为贪玩而不想拉琴的话，父母要态度坚决地告诉孩子必须先拉琴再玩儿。如果孩子对学琴确实是没有任何兴趣的话，那家长也不必再加以勉强，否则只会得不偿失、事与愿违。

在学习新事物的过程中，遇到困难是非常正常的事情，而产生退却的心理也是一种正常的心理反应。父母此时要给予孩子更多的关怀和鼓励，为孩子树立战胜困难以及战胜自己退却心理的勇气和信心。

常见回应

“孩子，不想学就不学了。”

这是过分溺爱孩子的表现，把孩子充分保护在自己的臂弯下，不让孩子受任何劳累和伤害，这样只会把孩子培养成经受不住任何磨难的温室里的花朵。

“小提琴是多么高雅的艺术啊，为什么不学啊？妈妈原来想学还学不上呢！”

父母永远不要将自己年轻时没有实现的梦想强加到孩子身上，如果孩子对此没有兴趣或者活动本身要求很高，那孩子将极有可能产生很大的精神压力，这样孩子不但学不好，而且还会严重影响孩子的身心健康。

“你怎么那么没出息啊！看人家小芳多棒！”

当孩子出现畏难情绪或者弹得不顺时，父母不要指责、埋怨、嘲笑甚至与其他孩子相比较，这样会加重孩子的心理负担，而且还比较容易挫伤孩子的自尊心。畏难情绪是人们面临困难时一种正常的心理反应，而坚持不懈、勇敢自信等优秀性格，正是在日常生活中不断克服困难逐渐积累和培养起来的。父母应多给孩子鼓励和信心，帮助孩子度过他的畏惧困难期。

“为了给你创造一个更好的学习环境，你知道我们花了多少心血吗？现在你怎么能说不学就不学呢？”

“钱都花出去了，你说不学就不学啊！”

孩子产生厌学心理，父母应该从培养孩子的学习兴趣入手，而不是一味地告诉孩子“为了给孩子创造一个更好的学习环境父母花费了多少心血”。即使孩子能够理解父母的苦心，但是并不代表就能培养孩子对学习的兴趣。而且父母更不要什么事情都拿“钱”来压孩子，一般情况下，孩子不会为了钱而学，也不会为了钱而不学，最重要的是找出孩子不愿意学的原因，这才是解决问题的根本所在。

合理解答

“你要是没有兴趣实在不想学，妈妈也不会勉强你。但是如果你要是因为累就放弃的话，妈妈会替你感到遗憾。妈妈认为拉小提琴能陶冶人的情操，是一种美好的享受。你想一想：万事开头难，刚开始你什么都不会，学起来当然会累一些，但是只要你坚持过了这段时间，也许你会发现拉小提琴并没有你想象的那么累呢？再说了，你遇到一点困难就退缩的话，将来怎么能做好其他你喜欢做的事情呢？”

针对孩子的不同问题，冷静地对孩子进行教育，重点教育孩子做事情重在坚持，告诉孩子如果不能克服困难，持之以恒，很多他企盼的美好的事物都会因为他的放弃而离他远去。

“孩子，不要沮丧，拉得不好不是你的错，妈妈知道你已经尽力了。你才学一个月，就能拉成这样，妈妈已经很高兴了。你看你们王老师，不也是学了很久经过反复练习才拉成现在这么好吗！只要你多刻苦练习，妈妈相信你也一定能拉得好的！”

如果孩子是因为反复练习后仍拉不好而丧失信心不想拉的话，那么，父母要理解孩子的不易，在对孩子的付出给予充分肯定的同时，多给孩子一些鼓励的话语。孩子从父母的话语中得到了认可、支持和信任，就会重拾信心，继续努力。

“孩子，你想一想，你要是想吃香蕉，是不是先把皮剥了才能吃到里面香甜的果实啊？不管是学习小提琴还是其他的东西都是一样，你必须先付出努力和劳动，才会有所收获，任何时候想要不劳而获都是不可能的事情。”

通过孩子身边的事情对孩子进行贴切的教育，孩子不但易于理解，而且记忆也较深刻。告诉孩子任何一个成功者的背后都有艰辛的努力和付出，没有人能够不劳而获。

专家点评

教育绝不仅仅是为了使孩子继承知识、掌握知识，更多的是培养孩子对学习的兴趣，使孩子学会如何去学习、去运用知识甚至创造知识。兴趣才是孩子学习的最好老师，它是孩子学习的强有力的动力源之一，在孩子的学习过程中发挥着极为重要的作用。

兴趣可以促进学习。学习是一种积极的心智活动，最可贵的是孩子学习的主动性和积极性，而兴趣能最有效地维持孩子学习知识以及其他技能的积极性和自觉性。孔子也曾说过：“知之者不如好知者，好知者不如乐之者。”只有在学习时感到快乐，才能真正学好，才能达到发愤忘食的境界，学习也才会取得效果。

兴趣不仅有利于知识的掌握，而且也有利于知识的巩固。我国许多学者经过调查发现孩子学习成绩最好的学科往往是其最感兴趣的学科。

兴趣还可以促进创造力的发展。而创造力，往往是人将来能不能成就一番事业的重要条件之一，兴趣是在人的中小学时期形成的。兴趣是创造力形成的重要推动力量，兴趣既为创造选取对象，又为创造活动提供动力和毅力。

兴趣既然有如此重要的作用，那么父母应如何培养孩子的兴趣呢？

一、教育孩子端正学习态度，明确学习目的及学习对其一生的重要性和作用。孩子如果从小懂得知识的价值，他就会向往知识，就会在学习中培养起对学习的兴趣。

二、鼓励孩子将所学知识运用于实际生活。这样不仅能使孩子加深对所学知识的理解，也能使孩子真切地体验知识的价值，从而大大激发孩子的学

习兴趣。

三、鼓励孩子多读书，读好书。中小学时期正是孩子精力旺盛的时期，父母应指导孩子多读书，读好书，这样对培养孩子的学习兴趣有着极为重要的作用。

四、与学校老师密切联系并合作，多创造机会给孩子成功的体验，适时给孩子以鼓励和赞赏，同时也要给孩子必要的失败的体验。让孩子在体验学习乐趣的同时也使之懂得学海无边的道理，加强孩子对知识的探索欲。

另外，在孩子漫长的学习过程中，有时孩子没有那么强的自制力，父母应适当地给予督导。

第七辑

自然

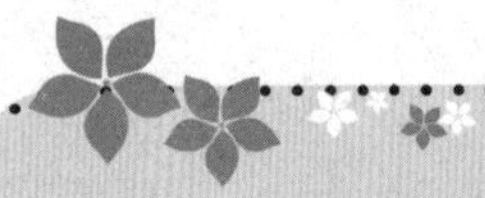

孩子对所见所闻的一切都充满了好奇。三四岁的孩子已经开始了对世界的探索，每一次触摸、每一个发现，甚至成人眼里习以为常的现象，对于孩子来说，都充满了神秘和吸引力。

每个孩子都是天生的科学家！很多父母会对此提出疑问，觉得那些科学的道理实在太深奥，孩子根本没有办法掌握。事实上，孩子们关注自己的生存世界、实践他们自己的想法、研究自己身边的各种体验和经历带来的结果，这是他们每天生活的重要内容。当然，他们还听不懂那么多深奥的道理，其实，那些所谓的深奥道理只是我们成人眼里的科学，而对于孩子来说，他们会对那些他们认为奇妙的事情感兴趣，而那些事情就够他们惊奇的了。

孩子的每一个“为什么”都是一次重大发现，一次发现可能就是一次科学探索。父母千万不要错过孩子三四岁这个探索的年龄，在认真回答孩子的每一个“为什么”的同时，一定要认识到培养和保持孩子对自然的好奇心和求知欲，比直接教给孩子知识更重要。

第一节　天文地理

4岁的宁宁第一次来到海边，看着一望无际的大海，问道："妈妈，为什么海水是咸的？"

"妈妈也不太清楚，不过自古以来，海水就是咸的。"

"那么，为什么自来水不是咸的呢？"

"因为自来水抽取的是湖泊和河流的水，而不是海水，然后再用机器使它变得纯净，这样我们才能够使用。"

为什么月亮一直跟着我们走呀？

3岁的小芳和妈妈在月光下散步时问道："为什么月亮一直跟着我们走呢？"

"月亮也和小朋友一样在移动，一直在注意着小朋友乖不乖。"

"哦？是这样的吗？真是奇怪呀！"

"当你长大以后，学到天文学和有关天空的事物时，你就会更加清楚了。那时候，你可以反过来教妈妈了。"

类似问题

为什么我一走，月亮也走啊？

月亮有脚吗？

解说

这一问题也是一个经典问题。当孩子在问到这一问题时，父母万不可不知所措，甚至搪塞、敷衍孩子或者用严厉的言辞拒绝回答孩子。其实，这一问题是向孩子解释科学道理、鼓励其求知欲的好时机。

常见回应

“你还很小，即使向你说明，你也不会了解。”

有关天文学方面的问题，实在是难以回答。要进行整体的说明，很不容易。因此如果向孩子这样说，就具有否定性，会令孩子觉得没希望。这是不恰当的说法。

合理解答

“你能够在幽暗的道路上走得很好，那是因为月亮一直在和你一起移动，陪着你，帮你照亮的缘故。月亮很喜欢你。”

“在你走路时，月亮怕你跌倒，所以帮你照亮道路。”

这种拟人化的回答方式会让孩子觉得很高兴。尤其是对 4 岁左右的小孩，这么回答是很恰当的。如果说“因为月亮很喜欢你，所以跟在你后面帮你指引道路”，这样的回答，更是增色不少。

“因为月亮离我们很远，所以你稍微移动几步，看起来月亮还是在相同的地方。这就像我们坐电车一样，比较接近的房子和稻田，不断地往后移动。可是，远处的山却一动不动。这些都是相同的道理。”

这种回答方式更具有科学性。按照智力的发展程度来看，这种回答方式更适合于小学四五年级的孩子。

妈妈，帮我把月亮拿下来好吗?

晚饭后，妈妈带着3岁的琪琪在小区附近的公园里散步，突然琪琪指着挂在天空中圆圆的月亮对妈妈说:“妈妈，你看！月亮好漂亮啊，我要月亮，帮我把月亮拿下来，好吗?”

解说

由于琪琪只有3岁，父母当然没必要向她说明宇宙的现象以及月亮光是太阳光反射的原因等，即使说了她也不会明白。所以父母回答孩子的问题时，要根据孩子的年龄和接受能力有选择性地回答。

常见回应

“月亮太远了，妈妈拿不到！”

这个回答在两方面都是错误的。一方面，母亲纵容了孩子的这种思维：认为是自己可以要月亮的；另一方面，妈妈的能力不足，不能满足自己的想法。

“你想要就要啊，也不看看月亮是什么东西！”

持这种说法的父母，出发点其实是好的，但是其语气却又陷入了回答孩子的问题的几个忌讳之中。

合理解答

“月亮是要给大家看的，不可以拿下来。”

虽然母亲说明了事实，却无法满足孩子在情感上的要求。这种否定性的回答，很可能会使孩子不再喜爱月亮。这种回答方式不容易培养孩子喜爱美好事物的情操。

当我们看到黑暗中明亮而美丽、绽放着银色光辉的月亮时的确会觉得想要把它摘下来。因此，在这时候，母亲要顾及孩子的感性思维来回答。

“是呀！如果能够把月亮拿下来，真是太好了。在黑夜中的月亮看起来真是漂亮，甚至不需要电灯呢！”

这种回答方式，对于孩子的愿望能够给予某种程度的满足。对于一些年龄小的孩子是一种安慰。

“月亮在天空中，那么幼儿园的小明和亮亮也能够看到。花园中的花朵也会因为看到月亮而感到高兴。还是把月亮留在天上吧，大家都会觉得高兴。”

这种回答方式也不错。让孩子明白了好东西要和大家一起分享的道理。

天空为什么会有星星呢?

4 岁的楠楠望着繁星点缀的美丽夜空问妈妈：“天上的星星真漂亮！可是妈妈，天空为什么会有星星呢？”

解说

孩子的眼睛是清澈的，他们常常会对一些大人们习以为常的现象发问。这个时候父母不应该用“这是常识”、“它就是这样子的”之类的回答来敷衍孩子，而应该从孩子的心理入手，做出符合科学根据又对孩子的成长有益的答案。

常见回应

“非常聪明的人，死后都会变成星星。”

死了以后，都变成星星的说法，会让人觉得很牵强。当然，也有必要先了解孩子的发问心态再来回答。

合理解答

“到了晚上，太阳公公去休息了，于是许许多多的星星就高挂在天空中，为我们照亮，这多美啊！”

如果孩子的想法是，星星那么美丽，但是却那么远拿不到而问“为什么会有星星”时，这时可以如此回答，可以让孩子了解到星星的独特与美丽。因此，要对于孩子的心态作某种程度的接纳，而后再给予回答。

天上的星星会不会掉下来呀？

5 岁的康康和哥哥一起进行星座观测的时候，问道：“天上的星星会不会掉下来呢？如果掉下来，会爆炸吗？”

这时候哥哥告诉康康：“星星是浮在宇宙中的，有时候是会掉下来的。”

这时，母亲也和康康说：“哎呀，妈妈懂的居然还没有你哥哥多，你以后也要向哥哥学习，争取超越哥哥啊。”

解说

首先父母要知道这并不是孩子的杞人忧天，只是他们的小脑瓜并不能理解“星星挂在天空上怎么不自己掉下来”这一简单的道理。在他们看来，星星不是星球，而是跟玩具一样的小生命。

常见回应

“等你长大以后，你就好好地研究星星，到时候你再告诉妈妈。”

就这样地将孩子的问题敷衍过去并不太合适。这位妈妈还是有必要稍微思考一下再作回答，这样会较恰当。向这个年龄的小孩说明万有引力，可能他们并不了解。

合理解答

“星星们都在天空上，大家的感情非常好，所以手牵着手，这样就不会掉下来。它们在上面正微笑着看着我们，向我们问好，你看，星星们是不是很漂亮呢？”

如果孩子还不知道流星的存在，也不需要加以说明。但是，如果孩子知道，就可以告诉他们，有时候它们会放开手，这时，星星就会掉下来了，可是，马上又会被其他星星捉住，甚至在掉落的过程中会燃烧掉，不会掉到地面来，如此说明就可以了。

为什么会打雷呢？

下雨的一天，一声雷响从天而降，正在客厅玩耍的亮亮问道："妈妈，为什么会打雷呢？"

这时，母亲回答："那是因为天上的雷公在敲鼓，在天上开派对，所以不要害怕。"

"但是，为什么会发光呢？"亮亮接着问。

"一定是他们在照相，就好像在晚上照相时，闪光灯会闪。因此你根本不必怕。"

类似问题

为什么有闪电呢？

解说

孩子对于突发的自然现象向父母发问是很正常的事情，而父母最好是有备而来，一方面自己补充一些有关这方面的知识，另一方面可以在家中准备一些讲述自然科学的图画书，以备不时之需。

常见回应

"那是因为天上的雷公在敲鼓，在天上聚会，所以不要害怕。"

"一定是他们在照相，就好像在晚上照相时，闪光灯会闪。因此你根本不必怕。"

作为父母，安抚孩子、避免孩子因打雷、闪电而害怕的出发点是无可挑

剔的，但这种回答未免有些夸张。为避免孩子将来在打雷下雨时身体受到伤害，父母应如实告诉孩子“有时候，雷公会带着电，因为打雷的时候，会产生声音和光，这是一种自然现象，不要害怕，但是要记得保护自己”。还要告诉孩子，打雷的时候，尽量不要外出。如果正好在户外，也不要躲在大树底下。这会更加恰当。

合理解答

“大朵的云中有两种电，这两种电碰在一起，就会产生声音和光。”

这种回答方法比较科学，可以针对五六岁的孩子进行回答。虽然这个年龄的孩子智力已经开始发展，但是要理解这种科学性的知识，似乎还不太容易。最好是陪孩子一起阅读有关打雷的科学性书籍，会比较恰当。

为什么天空会变成红色的？

傍晚时分，3 岁的轩轩和母亲一起购物以后，在归途中问道：“为什么天空会变成红色呢？”

解说

这一问题与“天上为什么会打雷”等问题比较类似，可以采取相应的方法回答。

常见回应

“等你长大以后，老师会告诉你这到底是为什么，到那时，你就会知道了，所以你要赶快长大哦！”

这位家长的表述方式并没有什么问题，只是这类问题最好在孩子的家庭成长过程中就予以解决，这样，他们会在日后的学校生活中更自信，也更成熟。

合理解答

“那是夕阳，太阳准备要睡觉了。太阳红色的光芒，把天空的云染成了红色，就好像在和大家道晚安一样。等到早上的时候，温暖的阳光会从窗户照射进来，道早安。不过，早上的阳光是非常耀眼的。”

为什么傍晚的天空会是红色的呢？这是中小学老师都难以回答的问题。对于三四岁的幼儿而言，这位母亲的回答方式不就很好吗？

“明天早上，太阳再道早安时，你和妈妈一起早起，我们来一起看吧！”

无法说明时，和孩子一起观察实际的情景，这样就很足够了。这时候，孩子可能会说：“哦？真的吗？从太阳道早安以后，就会逐渐地开始变红了。”有时候，当天空有云时，天空很可能就不会变红。但是，父母如能陪同孩子一起观赏，孩子就会非常满足。即使孩子无法得到答案，也会有继续发问的意愿。

为什么天空是蓝色的呢？

5岁的靓靓听到母亲说“好漂亮的天空”时，问道:“妈妈，为什么天空是蓝色的呢？”

“无论你到哪里，天空都是蓝色！”妈妈有点不耐烦地说。

解说

这实在是难以回答的问题，想要回答好还真是令人头痛。以上的答复，对孩子而言是不容易理解的。最好的方法是和孩子站在同一角度，以思考的方式来回答问题。

常见回应

“天空本来就是蓝色的啊！”

生活中父母认为想当然的事情，但是对一切都充满好奇的孩子并不那么认为，所以父母要认真回答孩子的问题，哪怕是已经被人们认为理所当然的事情也不要除外。

合理解答

“是呀！为什么天空是蓝色的呢？大概是因为蓝色是漂亮的颜色，所以天空是蓝色的吧！”

“每样东西都有自己的颜色，天空的颜色就是蓝色的。”

结合幼小孩子喜欢美好事情的心理，妈妈这种漂亮颜色的回答也比较合适。

“你认为呢，宝宝？”

如果让父母一下子对孩子讲出“天空为什么是蓝色的”这个道理，还真是有些困难，而且即使给孩子讲科学道理，年幼的孩子也不一定能够理解和明白。所以在孩子提问的时候，父母可以适当地用一些反问，一来解决了父母当时的窘迫，也可以听听孩子的想法，有利于开发孩子的想象力。但是反问也要针对孩子的问题和当时的情形，不可滥用反问。

“天空中存在许多水汽，天气好的时候，天空是蓝色的；天气不好的时候，因为有水汽结成的云，所以会变成白色或灰色。”

这位家长以 5 岁孩子能够理解的范围试着回答，效果就比较好。

天空为什么会下雨呢？

今天又下了一场雨，坐在窗前望着窗外的婷婷问妈妈：“妈妈，你说天空为什么会下雨呢？”

类似问题

天空为什么会下雪呢？

天上会不会下冰雹呢？

解说

当孩子问“为什么”时，最重要的是必须观察孩子的处境，设身处地为孩子着想。因为孩子的接受方式不同，父母也应采取不同的回答方法，当然也必须要顾及他们情绪上的因素来作答。如果孩子问的是雨的形成原因，那就要进行科学性的说明。而且，最好是一边观察孩子的反应，一边进行说明，如此一来，孩子才容易理解并接受。

常见回应

“地上一干燥雨婆婆就给我们下雨了。”

“你没看《西游记》吗？那上面不讲过怎么下雨了嘛！”

这种有些神话色彩的回答是许多父母的选择，但是也要针对不同年龄的孩子来使用。对于年幼的孩子来说，由于理解力不够，所以一些拟人化的语言加之一些具有神话色彩的回答对孩子的发展是有益的。

合理解答

“花、草、蔬菜都很喜欢下雨，因为雨的滋润会让它们茁壮成长。一旦不下雨，它们就会枯萎。”

对于年龄较小的孩子而言，这种说明书方式较容易让他们了解并接受。幼小的孩童都会以自身的立场来思考。对于眼睛看不到的东西，他们是难以理解的。所以当孩子发问的时候，母亲要站在孩子的立场来思考。

“由于海和河川的水受到日光的照射，加热以后，变成水蒸气飘到空中，就形成云。当云遇到冷空气时，就会变成水滴落下来，这就是雨。这就像你在洗澡的时候，浴缸里的水蒸气会向上飘去。当它遇到冷的天花板时，就会变成一滴滴的水滴落下来。”

父母在对孩子说明雨的形成原因的同时，还可以附加说明雨的效用。

“下雨真是很讨厌呀！不过，等到雨停了，就可以再到外面去和小朋友一起玩了。”

孩子正快活地在户外游玩，天空突然下起雨来，会让他们觉得很丧气。这时，孩子很可能会问道“为什么会下雨呢”，因此，父母亲在回答时，必须要接受孩子的这种情绪，并满足孩子的意愿。如此回答，孩子就已经非常满足了。

火山为什么会喷火呢？

3 岁的莉莉在电视上看到了火山爆发的镜头，她问妈妈：“妈妈，那个山真是奇怪，它为什么会喷火呢？”

解说

要想向孩子说明“山为什么会喷火”实在不是一件容易的事情，父母可根据孩子的年龄特征给予相应的回答。对于已经有很强理解能力的孩子来说，父母最好还是给孩子一个正确科学的回答。

常见回应

“因为那是火山，所以就能喷火啊！”

父母理所当然式的回答方式不但不会使孩子强烈的好奇心得到满足，反而会扼杀孩子的求知欲和好奇心，更甚者会导致孩子产生“我怎么那么笨”的错误想法。

合理解答

“在我们居住的地球的中心是鲜红滚烫的岩浆，当岩浆受到挤压或积蓄到一定程度就会喷发出来。但是像这样的情形是非常少的，而且会喷发的火山，一般离我们居住的地方都很远。火山在爆发前，都会先冒出烟来，所以人们会采取预防措施。”

这样告诉孩子就足够了。如果就住在火山附近，可以以附近的火山来举例说明。在这种情况下，或者可以画一张简图，做简单的说明。如果有适当的书本，可以让孩子一边看一边给他解释、说明。如此一来，孩子会更容易理解。

为什么地球是圆的呢？

5 岁的龙龙正坐在沙发上聚精会神地看《少儿百科全书》，突然龙龙问爸爸："爸爸，地球为什么是圆的呢？"

"地球本来就是圆的啊！"爸爸回答道。

"可是，如果地球是圆的，在地球另一方的人们为什么没有掉下去呢？"龙龙继续问道。

解说

虽然在科学书籍上总是提及地球是圆的。但是，不论站着、坐着或走在地上时，一点儿也没有觉得地球是圆的，所以孩子才会提出这样的疑问。父母应该稍微仔细些，让孩子一边看书，一边用温和的语气进行讲解和说明。

常见回应

"因为地球形成的时候，就是圆的。"

这种回答如果予以扩展，无疑是一种好的回答，但是过于笼统的回答无法让孩子得到想要的答案。

合理解答

"因为地球刚刚形成的时候，是由炽热的岩浆构成的，又由于地球自转产生离心力，就把地球的形状变成扁球形了。"

当孩子读过一些书，对地球有了一些感知后，可以这样比较科学地解释给他听。

专家点评

专家研究发现，孩子对科学的情感是天生的，但他们对科学本身的探究欲却来自于父母、家人以及老师等成人后期的引导与培养。这份孩子对科学的情感不是靠成人灌输，也不是靠成人手把手地教，主要靠孩子不断、直接地体验。父母只有给孩子多提供和创造机会，让孩子多直接与科学现象接触，获得独特的、挑战性的直接经验，才能使孩子产生探究的需要和欲望。当孩子开始发现的时候，也正是父母们把握机会，让孩子不放弃好奇、不放弃探究的最好时机。

为什么会发生地震？

军军很喜欢看电视，前些天，他看到电视里的新闻说，日本东北部发生了强烈的地震，还引发了海啸，导致福岛核电站发生了核泄漏事故。他很好奇，地震的威力居然有这么大！他去问爸爸：“为什么会发生地震呢？”

类似问题

为什么会发生火山喷发？

海啸是大海在生气怒吼吗？

台风是怎么回事？

解说

近年来，随着地球地质活动日趋活跃，各种自然灾害屡屡发生，并见诸报端。孩子很容易对这些问题感到好奇，回答这类问题，应尽量使用简单、浅显的语言。

常见回应

“地球内部有很多能量，隔一段时间就要释放出来，于是就产生了地震。”

合理解答

端出一盆水，在水上放几个塑料泡沫块，让它们漂浮在水面上。告诉孩子：

“地球就好像这盆水，地球上的大陆就好像塑料泡沫，在海洋上漂浮。当两块大陆相互挤压的时候，在挤压的部位，就发生了地震。”

专家点评

用比较形象的方式，向孩子解释地球以及大陆板块的形态，同时也揭示了地震发生的原因。

为什么太阳给我们带来光和热？

夏天，小美和妈妈去郊区玩。早晨的时候，天气还不那么热，非常凉爽；可到了中午，太阳像一只大火球一样挂在天上，晒得小美和妈妈浑身是汗。小美向妈妈抱怨说：“为什么太阳这么热啊？”

类似问题

为什么月亮也会发光？

太阳和月亮是不是很大很大的一个电灯呢？

解说

太阳会发出光和热，这需要从太阳的构成谈起。

常见回应

“因为太阳是一个不断燃烧的大火球，它不断地发出光和热。”

合理解答

“太阳本身具有非常大的质量。这种质量令太阳每时每刻都在发生核聚变，同时放出巨大的能量。这些能量就是以光和热的形式体现出来的。”

第二节　动物和植物

6岁的佳佳看到动物园的长颈鹿，问道："为什么长颈鹿的脖子那么长呢？"

"为了吃高大树木的叶子，所以她的脖子就逐渐变长了。"妈妈温柔地说。

"那么，它晚上是怎么睡觉的呢？"佳佳非常好奇，接着问。

"我们一起来查查看吧！"妈妈接着说。

鱼在那么凉的水里游泳不冷吗？不会感冒吗？

一个初冬的早上，4岁的女孩昕昕偶然看到池中游泳的小鱼，于是问道："妈妈，小鱼在那么冷的水里游泳，它不冷吗？它会不会感冒啊？"

解说

有时候孩子会对任何在她视线里的事物感到好奇，当然也会问一些稀奇古怪、令大人意想不到的问题，当然她也会从自己而联想到其他事物，把自己的情感加到其他东西上。幼儿的心理特征就是以自我为中心来看待周围的事物。自己觉得冷的时候，看到池中的鱼，自然就会认为鱼也冷。这是幼儿心理特征的显著表现。即使不是生物，孩子们也会认为它们和自己一样，都要早上早起、洗脸、吃饭，晚上上床睡觉。

常见回应

"鱼儿又不是你，当然不会冷啦！"

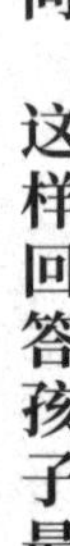

这种回答就没有注意到孩子以自我为中心来看待周围事物的心理，而且讲述方式比较粗暴。

合理解答

“池里的水应该是很冷的吧！不过，水是鱼的家，因为它经常运动，所以不会觉得冷。如果你觉得冷，我们来赛跑好吗？”

父母的这种考虑到孩子心情以及情感需要的回答方式非常巧妙、有智慧，这时候，父母还可以引导孩子要经常参加体育锻炼。

为什么鱼有鱼鳞呢？

上午，妈妈带着4岁的丹丹在花鸟鱼虫市场买了三条可爱的小鱼。回到家后，丹丹看着在鱼缸中游来游去的小鱼，非常高兴，一会儿问这一会儿问那，“妈妈，小鱼的身上为什么会长鱼鳞呢？”

解说

孩子会对千千万万不明白的事情发问，对此年轻的父母不要惧怕也不要厌烦。记住，耐心教育即可。

常见回应

“鱼天生就是这样的啊！”

父母这种想当然的回答方式会抹杀孩子探索的精神。

合理解答

“这就像我们人要穿衣服一样，鱼在水中会冷，所以也要穿衣服。”

这是很灵巧的回答，把鱼鳞比喻成衣服，这是孩子很容易理解的说明方式。如此一来，能够让孩子想一想衣服的功用，不只是防寒、护身，进而还可以讲一讲，穿衣服对人类而言也是一种礼貌。

“鱼在大海中游泳时，会遇到很多的石头，而鱼鳞呢，就是用来保护鱼在游泳时不要受伤的。”

向孩子说明了鱼鳞对于鱼的重要性，简单易懂，孩子比较容易接受。

熊猫为什么有黑眼圈呢？

贝贝正在看熊猫的图片，突然他一副不可思议的样子向妈妈问道：“为什么熊猫的耳朵、眼睛和脚都是黑色的呢？”

类似问题

为什么长颈鹿的脖子那么长呢？

为什么大象的鼻子这么长？

为什么兔子的耳朵那么长？

为什么兔子的眼睛是红色的？

解说

所谓“百闻不如一见”，有时候父母费尽心思地对孩子进行讲解，也比不上让孩子观察实物那么容易理解。

带孩子到动物园，让他看看熊猫、大象以及其他动物。这时候，孩子看到大熊猫的眼圈是黑色的以及大象可以用鼻子吸水，用鼻子搬运食物，孩子就会很自然地了解到：“哇！原来熊猫小时候眼圈就像它爸爸妈妈的一样是黑色的啊！还有大象的鼻子原来和我们的手拥有一样的作用。”让孩子经常看到实物，就会不断引发孩子的好奇以及相关的问题。所以让孩子有新的体验是非常必要的。

但是有时候，也不容易有直接接触实物的机会。这时候，让孩子从电视中观察实物，也是一个不错的学习机会。当然，在孩子问问题时，不见得碰巧就有相关的电视节目。因此，父母平时记住孩子所问的问题是非常必要的。当父母看到书中或者图片有相关的资料时，要赶紧告诉孩子。虽然父母是事后才向孩子说明，但孩子仍然会很高兴。孩子感受到父母对其问题的重视以及鼓励，就会产生更多的好奇和不断发问的意愿。

常见回应

“看就看呗，怎么那么多问题啊！”

孩子向父母提问时，如能感受到父母的重视和鼓励，就会产生不断地发问的意愿。反之效果也是恶性的。父母一定要认识到：父母回答孩子问题的过程不仅仅是给孩子提供知识的过程，也是父母向孩子传达无微不至的爱的过程。

合理解答

“是呀！熊猫的爸爸、妈妈也是一样的，她们的眼睛、耳朵和脚也都是黑色的。所以生出来的小孩也一样。”

利用这个机会，如果可能的话，带孩子到动物园，让他实际地观察一下大熊猫。这时，孩子一定会说：“真的，熊猫的耳朵、眼睛和脚都是黑色的！”

“小熊猫长得像它的爸爸妈妈啊！就像你长得像我和爸爸一样！”

和爸爸妈妈三个人站在镜子前，孩子会发现：“哇！我的眼睛像妈妈，嘴巴像爸爸。鼻子也很像爸爸。我长得有点像爸爸，也有点像妈妈呢！”像这样让孩子自己去发现答案，这是最好的。并不需要直接回答其问题，让孩子亲眼看一看实物，就可以让他发现答案。

为什么要给花和树木浇水呢?

“宝宝，你去帮妈妈给阳台上的花浇些水，好吗？”正在厨房做晚饭的妈妈对3岁的笑笑说。

“好啊，妈妈，不过为什么要给花和树木浇水呢？”

类似问题

为什么要给花草上肥料呢？

为什么要给花除虫打药呢？

解说

父母在做家务时，可以让孩子帮忙，锻炼孩子日常生活的动手能力，对孩子而言是一种很好的体验。当然，在孩子帮助父母做家务的过程中他会发现一些问题并向父母询问，父母要积极地给予回答，并通过日常生活中的一些情景，引发孩子的好奇心和探索欲。

常见回应

“不浇水它们就死了！”

这种回答笼统而又刻板，孩子对于这类回答不会有什么兴趣。

合理解答

“花和树木要经常吸水，这样才能够长大，就像你要吃饭一样。但是，给花和树木浇水时要掌握浇水的量，如果浇太多水也是不行的，会把它们淹着了。这就像人一样，吃太多会肚子不舒服。其实，花和树木不仅需要水，也需要太阳光的照射。”

也可以趁着这机会，向孩子说明有些植物需要很多水，有些植物不需要太多水。还有，开花以后就会结果等自然现象。这时可以带孩子到公园去，一边看植物，一边进行说明。借此机会丰富孩子的植物知识，很可能在不久的将来，孩子会喜欢上自然科学。

为什么到了冬天花会枯萎呢？

4岁的容容看到庭院中夏天盛开但现在已经枯萎的花时，问道："为什么到了冬天时，花会枯萎呢？"

类似问题

为什么到了秋天树木就落叶子了呢？

为什么冬天的花草树木都光秃秃的呢？

解说

一年四季轮转变换，大自然的生物尤其是植物也会生老病死，对此孩子的脑海中会存有种种的为什么，其实这也是一个向他们解释四季变更既而解释时间意义的好机会。

常见回应

"大自然本来就是这样安排的！"

孩子多观察、勤动脑，才会发现问题，父母应多鼓励孩子对大自然的探究，并尽量帮助孩子解决他对大自然的疑问，切不可打击孩子发现问题的积极性。

合理解答

"因为花不喜欢寒冷，所以就枯萎了。不过，也有些花是寒冬中开放的，例如梅花。"

这种回答很平实，举例说明也很恰当。

"如果所有的花都不在寒冬中开放，你不会觉得很寂寞吗？所以大自然创造了各种不同的花，而让人经常看到花开。"

如果再稍微仔细地说明花和季节，这样会更好。

“天气寒冷时，我们都会想要躲在家里，行动也比较不灵活。花也是一样喜欢温暖，所以当天气变得暖和到了春天和夏天时，各种花卉都会一一盛开。”

这时，可以告诉孩子，春天开了哪些花。父母可以一边翻开植物图画，一边说明，例如：蒲公英、郁金香等，是春天的花。到了夏天时，向日葵和牵牛花会盛开。到了秋天，菊花会盛开。

“天气转冷时，菊花虽然会枯萎，可是到了明年的秋天，菊花还会再盛开。我们人类常会忘记东西，可是花是不会忘记的。一旦季节到了，就一定会开花。”

依照季节的不同，所开的花也会不一样，可以像上述那样告诉孩子。还可以追加说明：“我们想要随时看到花的话，可以在温室中栽培。在春天和夏天开的花，冬天也能够在温室中盛开。”

专家点评

孩子大都是好奇的，他们急于了解和学习他们所不知道的事物，所以，身为父母的您应该鼓励、满足孩子的好奇心。当孩子发问时，父母应该指点其寻找问题的答案，而同时父母也可以从孩子的反应中得知自己的回答是否合适。但在实际的生活中，很多父母却又在无意间抹杀了孩子的好奇心，使孩子失去再提问题的兴趣。

如果父母愿意好好地耐心回答孩子的提问，不要用“你将来长大了就知道了”、“小孩子问那么多干吗”、“就你话多”、“妈妈忙着呢，去问爸爸”等来搪塞、敷衍孩子的问题，就等于无形中打击了孩子建立想象力和对事物的好奇。实践证明，好奇心与创造性是互相依赖的，有好奇心的孩子，经适当正确地培养往往会爆发出创造力。

第三节　生活中的科学

除夕夜，家家户户都去放烟花了，小可家也不例外。随着一个个的烟花点燃，“嗖” 一声飞向夜空中，然后在空中绽放出炫丽的烟火，小可向妈妈问道：“妈妈，妈妈，那烟火到底是怎么来的啊？”

电脑是怎么计算出来的呀？

孩子问道:“电脑是怎么计算出来的呢?”

妈妈说:“在电脑里面计算，因为电脑里面有各种机器。”

“可是，它又没有纸和铅笔，是怎么计算的呢?”

“因为机器里面能够记住计算的方法。”

“可是，它又没有脑袋，怎么记住呢?”

“虽然它没有脑袋，可是它有线路呀!”

“线路是什么?”孩子更加迷惑地问道。

类似问题

电视那么小，人是怎么跑到里面的呢?

收音机为什么能发出声音呢?

解说

即使幼小的孩童所问的问题，也不是那么简单就可以回答出来的。尤其是关于科学方面的问题，有时候真的是会令父母感到头痛。其实，上述那种情形在日常生活中会经常发生。结果这位妈妈的回答方式，使得孩子更加混乱，而且更加不解。妈妈也不是电脑专家，不了解电脑。在这种情况下，要简单地说明电脑，实在不容易。

常见回应

“你现在还小，不需要知道那么多。”

如此封杀孩子的问题，是很不恰当的做法。

“这个事情确实让人头疼，妈妈不知道，要查书。”

当孩子听到母亲这样说时，很可能会对母亲失去信任感，甚至会因为无法马上得到答案，而产生一些不满，因此丧失问问题的意愿。再者，父母不应在孩子面前表现出“科学是件让人头疼的事情”的情绪，这样会对孩子产生不良的影响，应培养孩子对于身边的事物经常问“为什么”的科学探讨的眼光和态度，并与孩子一起学习，不断地吸收各方面的知识。

合理解答

“妈妈不太了解，等妈妈查查书，然后再告诉你。”

如果认为要用其他的方法来说明，可以如上告诉孩子，不过，有时候，“查查书”的说法是逃避孩子的困难问题的借口。但是，最好是按照与孩子的约定，尽快地给予答复。如果在书或图画上，看到可以回答孩子的资料时，要和孩子一起阅读，然后再作说明。如果是从百科全书中得到的知识，就必须要依照孩子所能够理解的程度，详细地解释并说明。

汽车为什么能跑呢？

诚诚看到大街上跑着的汽车，问爸爸：“汽车为什么能跑呢？”

孩子的每一个“为什么”都是对事物缘由的想象，不管用什么办法，当面对孩子的各种提问时，父母都要尽可能地给予回答。

类似问题

汽车没有腿，怎么走得比人还快？

常见回应

“因为汽车有轮子，有轮子当然就可以跑了。”

这种解释太肤浅，没能很好地解释为什么，也没有阐明科学原理。可能孩子还会接着问，作为父母千万不要敷衍了事。

合理解答

“汽车肚子里有一个发动机，发动机最喜欢吃汽油，吃完汽油以后它就开始工作了，它会告诉车轮子转动，车轮子一转动汽车就跑起来了。”

这样的回答比较符合认知程度稍强一些的宝宝。用宝宝的语言把复杂的科学道理讲解给宝宝，尽管宝宝不知道什么是发动机，但通过这样的解释，宝宝基本能理解汽车工作的原理和程序，这样的解释比较符合科学精神——严谨、真实。这样回答不但满足了宝宝的好奇心，同时也留下了宝宝可以继续探索的空间。随着他学习能力的提高，他会主动去寻找关于“发动机”的信息。

“汽车要吃东西，吃完东西汽车有力气，车轮子转得动，汽车就可以跑了。”

这样的回答最符合绝大多数孩子的认知水平，也是孩子最可以接受的一种方式，因为您用孩子的语言解答了他的疑问。在您的回答里，您还能用最简略的语句表明了汽车工作的过程。但要提醒您，在引导孩子进行科学学习时，首先要注意尽可能地使用科学用语，回答应该更合理一些，让孩子对一些科学概念一步到位。

纸是怎么做成的？

6 岁的周周一边用硬纸板做小玩具，一边问道：“纸是怎么做成的？”

"是用树木做成的。"妈妈答道。

"树木可以被压成这么薄吗?"周周更加好奇了。

"树木先被弄成糨糊状，然后再用机器压成现在薄薄的样子。"

"哦!"

类似问题

纸是塑料吗?

老师说纸是木头做的，是真的吗?

解说

孩子出生后，纸是他身边最容易被注意到的事物。三四岁的幼儿大概不会问这样的问题。这是充满了好奇心，智力发展到一定程度的六岁小孩子所问的问题。这时，可以一边让孩子看有关制纸的图解或相关书籍，一边做科学性的说明。

常见回应

"小纸是用大纸裁开的，大纸是工厂里生产出来的呀!"

这种回答看似入情入理，其实也是父母回避、推托孩子问题的表现。这种回答仍然会让孩子不明所以。

合理解答

"纸的原料是木材。把树木砍伐以后，切割成小片。然后，泡在水中捣烂，使其变成有如黏土一样的木浆。接着，再用机器压成薄薄的纸。"

如此说明制纸的过程，接着再告诉孩子：我们的书和用来折纸的纸，都是这样做成的。除此以外，纸还能够做成什么东西呢?提醒孩子注意纸的用途，也可告诉孩子关于纸的由来的一些知识："很早以前的人不知道做纸的方法，所以他们把图或文字刻在石头上，或是刻在树木上。现在薄薄的一本书，在古时候有好几斤重，那时候，无论看书还是写字都非常不方便。直到有纸了以后才变得方便了。”如此告诉孩子，孩子会感觉到纸的可贵，因而树立节约用纸的意识！

为什么水不会燃烧？

厨房里的燃气灶上正烧着一壶水，随着从水壶里传出的咕咕声，英子看见一股股白色的蒸汽从壶嘴里冒出，“咦，炉灶的火燃得很旺，怎么壶里的水不会燃烧呢？”英子想不明白这究竟是怎么回事，于是就跑去问爸爸。

类似问题

为什么水能够灭火？

为什么火是热的而水是凉的？

解说

水不会燃烧，这是一个再简单不过的常识。可是要想用从化学的角度将其原理揭示出来，却又不是一两句话能够解释清楚的。可以先从孩子最容易理解的方面进行解答。

常见回应

“因为水火本来就不相容，所以水就不会燃烧。”

合理解答

首先，物质要想燃烧，必须满足一个条件，那就是温度足够高，达到燃点。而水本身能够吸收大量的热。所以，用火去烧水，水不断地将火的热量吸走，使之无法达到燃点，自然也就不会被燃烧了。

专家点评

当然，“水不会燃烧”还有很多其他的原因，这些可以等孩子长大以后，具备了一定的化学知识后，再向孩子解释。

自来水是从哪里来的？

壮壮的家在一个偏远的小山村，爸爸常年在外面打工，这一年，爸爸想让儿子长长见识，就领着壮壮来到城里，壮壮看到街上跑的汽车、商场橱窗里的招贴画和高楼上的霓虹灯觉得非常新奇，当他来到爸爸的住处，看到水龙头里流出的自来水时就更奇怪了：“爸爸，这里没有井，也没有山上的小溪，这水管里的水是从哪儿来的呢？”望着儿子一脸疑惑，爸爸禁不住笑了。

类似问题

厨房里的天然气是从哪里来的？

自来水为什么没有颜色？

电是从哪里来的呢？

解说

第一次见到自来水的孩子会非常奇怪，为什么水龙头一拧，就有水流出来。对成年人来说是再正常不过的常识，可对某些孩子来说，自来水是如此神秘。

常见回应

“自来水是从自来水厂来的。”

这样的回答，就好像回答“汽车是从汽车厂来的”一样，回答和没回答，没什么区别。

合理解答

“首先，工人叔叔用抽水机，从江河湖泊里抽取水。然后，通过管道将这些水输送到自来水厂。在自来水厂，工人叔叔经过一系列沉淀、消毒、净化的过程，去除水中的泥沙、杂质和细菌。然后通过水泵，将自来水输送到千家万户。”

专家点评

解释自来水生产的来龙去脉，这并不困难。通过这样的解释，可以让孩子明白自来水的来之不易，从而培养孩子的节水意识。

第四节　时间

一天，5岁的乐乐非常认真地对妈妈说："妈妈，我想把这个星期六留着，将来玩。"

妈妈看着一脸严肃的乐乐，赶紧俯下身来温柔地说："星期六是留不住的，不管你怎么过，它都是要过去的。"

听到妈妈的回答，乐乐好奇地睁大了眼睛，他没有听懂，又似乎有些懂，但非常地不甘心，问道："妈妈，苹果可以留起来，玩具也可以留起来，甚至爸爸的故事也可以留起来以后再讲，那为什么星期六不可以留起来呢？"

妈妈感觉到乐乐已经长大了，必须向他解释什么是时间了！

为什么时钟的指针一长一短？

5岁的晶晶看到墙上的时钟，问道："为什么时钟的指针一长一短呢？"

类似问题

为什么（钟表上的针）一个走得快一个走得慢呢？

解说

时间的确是孩子脑海中一个不太容易琢磨透的问题，因为它比较抽象。但是孩子对于时间的认识往往是从具体的事物开始的，父母要把握住这种机会。

常见回应

"时针走得慢，当然短了，分针走得快所以是长的。"

这种回答其实不叫做回答，而且这种回答逻辑混乱，孩子对于这样的回答是不会满意的。

"如果两根针的长度一样，就不容易看，会很容易弄错。短针告诉我们现在几点钟，长针则告诉我们几分钟。"

这种说法对于孩子来说也不是很合适，还可以更加简单易懂地加以说明。

合理解答

"如果短针指在3，长针指在12的时候，这就是3点钟。"

如果有玩具时钟，可以实际操作，让孩子一边看一边向他说明。让孩子看12点钟、3点钟，以及晚饭时间等，这些和孩子的生活息息相关的时刻。一边让孩子看一边加以说明，有助于孩子理解。

为什么二月只有28天呢？

"为什么二月只有28天呢？"小采一边翻着日历一边问爸爸。

爸爸实在不知道怎么回答，对此感到十分头痛。

类似问题

为什么一月比二月多3天呢？

为什么一年里有的月长有的月短呢？

解说

日历是我们日常生活中常见的东西，大部分的小孩都不会发生任何疑问。但这个小女孩竟然会注意到这个问题，爸爸妈妈应该对孩子充满了这样的好奇心而感到自豪。

孩子对任何事物都有好奇心，但有好奇心并不代表孩子会思考问题，只有当孩子对好奇的事物或现象提出问题的时候，真正的思考才开始。

常见回应

“日历又不是我弄的，我哪儿知道！”

这种拒绝回答孩子问题的方法其实也很常见，但是，必须指出，这种回答方式让孩子觉得父母态度粗暴的同时，还会对父母的崇拜和信任感大为降低。

合理解答

“也许是古人认为，二月比较冷，想要赶快到春天，所以二月只有28天。”

如果提出问题的是个5岁的小女孩，如此回答即可。像这么小的孩子，即使多作说明，也无法理解。

“罗马历法将单数月定为31天，双数月定为30天。这样一年有366天，不符合天体运行周期。而在罗马时代，二月是处决犯人的月份，罗马人视二月为不吉利的月份，因此将二月扣除一天。罗马帝国建立后，皇帝奥古斯都出生在八月，这个月只有30天，而他的养父——著名的政治家恺撒则出生在七月。为了给予这两位伟人同样的尊重，特地将二月的一天划入八月，这样二月就只剩28天了。”

如果提出问题的是小学高年级的孩子，则可以和他一起看日历，结合历史故事加以说明。

妈妈，现在是明天吗？

5岁的霏霏一大清早跑到厨房问妈妈：“妈妈，现在是明天吗？”

听到女儿的问话，妈妈真是忍俊不禁。

“不，亲爱的宝贝儿，现在是今天，今天是星期五。”妈妈回答。

“没关系，妈妈！”霏霏说：“我们老师说明天我可以穿我那件粉色的新衣服。”

类似问题

妈妈，今天是什么？

妈妈，明天是什么？

解说

对于大人们嘴里常说的昨天、今天、明天，孩子们虽然已经觉得很熟悉，他们记住了，却常常用错。

孩子到了四五岁已经可以逐步理解时间、认识钟表了。虽然他对常听到的昨天、下周、上个月还搞不清楚，但他们知道生活里有一种神秘的东西，每天陪伴着他，甚至有时还左右着他的生活。在他们对此最感兴趣的时候，就是教会他们认识“时间”这个神秘家伙的时候了！

常见回应

“今天就是今天，明天就是明天。明天就是今天的明天……”

恐怕作出这种回答的父母自己也被时间给搞迷糊了，更不可能让孩子清楚地感知到“今天”、“明天”的差异了。

合理解答

“不，亲爱的宝贝儿，现在是今天，今天是星期五。”

这种回答就比较好，因为他引入了“现在”、“星期五”这些比较容易感知的时间概念。时间本来就是前后比较的东西，因此，用时间来说明时间是一个方法，但是不要陷入逻辑自我混乱的境地。对此，实践与生活中的具体感知可能是较好的解答方式。你不妨在家里准备挂一个大大的日历，告诉孩子，每一个数字代表着一天，每天晚上和孩子一起在日历上把当天画下，告诉他从早上太阳升起，到晚上夜深人静，“今天”即将过去了，等我们一觉醒来，天亮了也就到下一个数字了，那就将是“明天”了。通过这样的方法，孩子可以对过去、现在和未来有一个清晰的感受。

专家点评

幼儿对于时间的概念在学龄前并不清晰。尤其是对于四五岁的孩子，他们正处在具体、形象化思维的年龄，他们很难理解“时间”这个抽象的概念。专家经过试验得出，孩子从四五岁开始，通过看、不断谈论和生活中的运用是让孩子理解时间的最好的办法。父母可以通过以下这些方法教孩子认识“时间”这个抽象的概念。

一、在家里准备一个日历，以便于在平时的生活中培养孩子的时间观念。还可以用彩色笔在日历上写好对未来的规划以及标记重要的节日，帮助孩子加强对时间的印象。例如：这个星期天去动物园，下个星期六去姥姥家，或者用符号标注孩子的生日，告诉孩子到了那一天就可以吃生日蛋糕了。经常在日历上画一些记号，日子长了，孩子就懂得这些日期的规律，也明白了什么样的日子应该做什么。

二、每天晚上上床之前，和孩子聊聊这一天都做了什么，然后让孩子回忆一下昨天的活动，再一起为明天做个计划。这样有助于孩子理解时间的先后。

三、用图表的形式给孩子制订一个日程表，例如，画一个小钟表，指针指向7点，然后在旁边画上小朋友穿衣起床的画面，以这样方式告诉孩子早上7点起床等，这样可以让孩子清楚地知道每天固定的时间里会发生什么，容易加快孩子了解时间的速度。

四、带孩子外出或者长途旅行的时候，把时间和地点联系起来，有助于孩子认识时间。例如：走10分钟我们就能到京客隆超市、坐一个小时的公交汽车我们就能到爷爷家了等。

五、常把两件事情联系起来进行比较，让孩子理解不同的事情花费的时间是不同的。

当然父母在培养孩子认识时间的同时，也应以身作则，遵守时间，给孩子树立一个好的榜样。

第八辑

社会

每个孩子都要长大，都要逐步地从家庭、学校融入社会。而家庭、学校就扮演了一种教育的角色：培养孩子成为适应社会的个体。社会学家和心理学家认为，长大就是社会化，是社会将规则内化到个体，将个体从“自然人”变为“社会人”的过程。在此过程中，父母、老师、同伴以及传媒都扮演了重要的角色，而重中之重，是与孩子接触最多的父母，这也就是父母是孩子的第一任老师、也是最重要的一任老师的原因。

与普通的自然现象不同，孩子无法理解成人世界中诸多的问题：为什么要上班？为什么去超市不能直接拿东西？……而这些社会中已经普遍存在于成人脑海中的规则，父母可能觉得都是公理——自己的孩子怎么连这么普通的事情都无法理解啊？但是，作为最初的启蒙老师，父母必须将这些“公理”以合适的方式讲给孩子，让他们懂得，这个世界是有规则的，也是基本合理的，每个人都可以通过学习和努力成为社会中合格和优秀的一分子。

第一节　社会与家庭

今天是周六，也恰巧是思玉5岁的生日，爸爸妈妈计划带思玉到游乐园玩耍。

刚买完票进了游乐园，爸爸的手机就响了起来。原来爸爸公司老板的一个客户从外地来到这里，而此时老板却出差到了外地，所以想要爸爸去接待一下。

思玉非常不情愿地看着爸爸，哀求道："爸爸，票都买好了，不要去了吧？"

爸爸看着思玉笑了笑，说："宝贝，爸爸要去接待客户，今天不能陪你了，改天爸爸再陪你玩儿，好吗？"

"可是今天是我的生日啊！而且今天是周六啊！为什么爸爸总是加班呢？"思玉不满地说道。

为什么爸爸今天不能在家陪我玩呢？

早上，当爸爸要到公司上班的时候，4岁的莲莲问道："为什么爸爸要到公司去上班呢？"

这时，妈妈说："爸爸去公司上班，领了工资，才能够买好东西和漂亮的衣服给你啊。"

"那么，爸爸还是去公司上班比较好。"

"所以不去上班，爸爸就没有钱给你买好东西了。"妈妈继续说道。

类似问题

妈妈可以不去上班吗?

为什么妈妈要去工作，在家陪我玩儿不好吗?

解说

孩子是以自我为中心的，当他看到自己的爸爸妈妈去上班，而不能一直和自己一起玩耍时，会产生一些失落感，进而会有一些问题提出，他们不明白，为什么大人们每天都要出去工作。

常见回应

“爸爸去公司上班，领了工资，才能够买好东西和漂亮的衣服给你啊。”

“爸爸不上班，你吃什么穿什么啊！”

这种回答方式仅仅着重于工作是为了经济上的理由，因此非常不充分。其实爸爸去上班不仅是为了领工资，因为工作还具有生存的意义。但是，作为家庭主妇的妈妈大都会采用这种回答方式。因为这些妈妈下意识地认为，“爸爸就是每个月拿薪水回来的人”。如果母亲是以这种方式来回答，那么就需要稍微反思一下这样回答是否合适。

合理解答

“爸爸非常喜欢自己的工作，他喜欢到公司去上班。”

这种回答方式可以培养孩子自小就有劳动的欲望。另外，还要说明工作具有社会意义和价值。像父亲上班是为了领工资，才可以买东西和衣服，这种家庭的经济理由最好放在最后说。

妈妈为什么不给我买巧克力?

5 岁的齐齐在和妈妈一起逛街时，看到了他喜欢吃的糖果，非常想要，于是对妈妈说：“妈妈，我要吃巧克力糖。”

“我哪有钱买巧克力糖啊！”妈妈说。

“妈妈为什么没有钱呢？我们家非常穷吗？妈妈为什么不多弄些钱呢？”齐齐继续问道。

“笨蛋，你怎么那么多问题啊！”妈妈有些生气地说。

类似问题

妈妈每月挣多少钱?

爸爸为什么不多弄些钱?

解说

一些父母一听到孩子说“穷”，就好像受到了很大的侮辱似的，情绪也会随之变化。而事实上，孩子说或者问“我们家很穷”时，只是一个普通的问题，并不是想要人泄气。父母也不要因为孩子的问题而小题大做，大发脾气。

另外，在日常生活中，父母最好不要使用“笨蛋”、“傻瓜”等这种字眼，因为父母在使用这些词汇时，孩子很容易记住，并很快会学以致用——用在小伙伴或者朋友身上，所以平时父母要特别留意。

常见回应

“是的，我们家很穷，所以妈妈不能给你买东西了。”

“谁说我们穷了，我们一点也不穷啊！”

无论家境如何，对于孩子提出的“穷”以及“富”的问题的回答都应是否定的。美国儿童财经教育专家威里尔德·斯塔华斯基指出：“即使家产丰厚，父母也不必让孩子以为他可以想要什么就要什么，或者到左邻右舍去吹嘘。”如果家庭资金比较紧张，父母也不能让孩子过于担心。为了满足孩子对自己家庭经济状况的好奇，父母可以先告诉孩子：我们属于中等家庭，比上不足，比下有余。然后再总结一下：我们有足够的钱买食物、衣服和许多我们需要的东西。还可以提醒孩子，金钱世界里，有好人也有坏人，让孩子知道有钱人并非就比穷人好。

“爸爸每月挣4000块钱，妈妈每月挣3000块钱。”

对待“每月挣多少钱”这个问题，绝对诚实地回答孩子并非上策。如果您的孩子不到12岁，您的回答最好不要提到具体数目。因为不管您每个月挣多少钱，与孩子口袋里的钱相比较来说都是天文数字，他难免会以为你富得吓人。如果孩子不到6岁，只要告诉他您每月的工资足够养活他，并能满足他许多需求就可以了。如果孩子超过8岁，其想知道的东西可能更多一些，您可以给他比较不同的工作，让他对不同工作所挣钱的多少有个大体的认识和了解。

合理解答

“只要是必要的东西，妈妈都会帮你买。可是，我们没有闲钱去买那些奢侈品，或是不需要的东西。”

“你可以买其他的东西，因为在这之前，我们已经买过巧克力糖了，而且你也吃了很多，吃太多甜食，对身体不好，还容易长蛀牙。”

如此温柔地说明，孩子比较能够接受。

“孩子，你告诉爸爸从哪儿弄钱呢？”

当孩子要求爸爸妈妈买东西而遭到拒绝时，常常会提出“为什么不多弄些钱”这个问题。美国国家财政教育中心执行副总裁保罗·里查德建议父母反问孩子：从哪儿弄？这个回答听起来可能会让一些父母大吃一惊。幼儿毕竟不知道钱到底是从哪儿来的，所以，父母可以抓住这个机会，向孩子解释钱是怎么来的以及存钱是怎么回事。对5岁以下的孩子，回答时以简单为好，例如：爸爸妈妈工作挣了工资，我们再把钱存进银行。对稍大一些的孩子，父母可以把问题引到存钱的重要性上，告诉孩子存钱是为现在以及将来作准备。

专家点评

孩子的眼光常常会追逐社会现状，比如看到爸爸妈妈上班不能陪自己玩儿，尤其是老板一个电话打过来，爸爸妈妈就会赶快按照老板的指示行动；看到好吃的、好玩儿的而爸爸妈妈却不给自己买，尤其是其他小朋友都有的东西自己却没有；还有看到社会上有些人有特权，而自己的父母却没有，便会对父母提出许多疑问。此时，父母千万不要用“谁让我给人家打工呢”、“都是爸爸没本事”等来开始或者结束与孩子的谈话，而是用辩证的观点去贬恶扬善，帮孩子树立正确的人生观和价值观，指引孩子踏上正确的成才、成功之路。

第二节　社交禁忌与社会习惯

对门的张奶奶非常喜欢点点，总爱拉着点点的小手在小区玩，给她讲故事，张奶奶的儿女给她带的好吃的，她总舍不得吃而给点点吃。

几天前，张奶奶病逝了，爸爸妈妈和点点都非常伤心。

到了开追悼会的那一天，点点穿上了张奶奶平时最喜欢的那套红色连衣裙，一大早就来到了现场，准备去送张奶奶。

可谁知爸爸看见了点点之后，严厉地对她说："谁让你穿这件衣服的？快回家换了！"

点点含着眼泪走到妈妈面前，非常委屈地问："妈妈，为什么不能穿这件衣服呢？这可是张奶奶平时最喜欢的呀！"

为什么过年不能说"死"？

年三十那天，晶晶和爸爸妈妈，还有叔叔以及姑姑的全家都来到了爷爷奶奶家，一向安静家里顿时热闹了起来。

大人们在客厅里谈笑风生，孩子们却围着爷爷家的大鱼缸玩儿了起来，一边谈论着一边对鱼缸里的鱼指指点点。

"那个红色的小鱼好漂亮，我就要它啦！"其中的一个小表妹兴奋地说着。

"我要那个大的白色的鱼，它游得好快啊！"表哥接过小表妹的话急忙说，唯恐别人跟他抢似的。

看着鱼缸里剩下的唯一一条没有被其他孩子要的小鱼，晶晶有些不情愿，但是也没有办法。突然晶晶灵机一动，大声说："最后这一条小鱼好活泼啊！你们都不要反悔啊！你们看它活蹦乱跳的，多活跃啊！它会永远活着，不会死的！那几条就不见得了，可能很快就会死掉哦！”

妈妈听到晶晶的话，训斥道：“大过年说什么‘死、死’的啊！”

“为什么过年不能说‘死’呢？”晶晶有些委屈地问。

类似问题

为什么过节不能说不好听的话？

为什么不能说爷爷“有病”？

为什么不能穿红色的衣服参加追悼会？

解说

在人们生活中，会遇到一些重大的节日，还会遇到婚丧嫁娶等这类事情，那些节日和这些事情都带有浓厚的民族文化特色，有其固有的行为规范，有的甚至会有严格的社交禁忌，这些与孩子知道的常识如此不同，经常会导致他们产生疑惑。

在孩子成长的过程中，父母应该不厌其烦地对孩子进行社交禁忌的教育，例如：什么场合穿什么样的衣服，什么场所用什么样的语言等，及时帮助孩子消除心中的疑惑，为孩子将来成为一个有修养、有风度的人打下良好的基础。

常见回应

“闭嘴，大过年的说这种不吉利的话！”

“你简直是胡闹，这种场合怎么能说这样的话呢？”

“谁让你穿成这样的？你想挨打啊！”

一些禁忌孩子是并不知道的，所以对于孩子无意表现出来的言语和行为，父母要及时给予指导和教育，让孩子及时改正即可，没有必要通过打骂来加深孩子的印象。

合理解答

“宝宝，今天是过节，是一个大家都高兴的日子，每个人都不应该说一些不好的话，因为那样会影响大家的心情，会让大家不高兴，而且大家还会以为你是一个没有教养的孩子，就不喜欢你啦！”

“孩子，在不同的场合应该遵守不同的规范，像今天参加张奶奶的追悼会就不能穿红色的衣服，张奶奶去世了，大家都很难过，我们应该对她表示哀悼，红色是喜庆的颜色，不应该在这个场合穿，要不然大家都会讨厌你的！”

在平时的生活中，父母应适时告诉孩子哪些是禁忌、为什么有那些禁忌、应该怎么遵守禁忌，并告诉孩子触犯那些禁忌会产生什么样的后果。孩子理解了禁忌的来由以及遵守禁忌的必要性，就会自觉地遵守那些被大家公认的社交规范。

为什么我不能摸爷爷的头呢？

豆豆4岁了，非常爱模仿别人，而且还模仿得十分生动逼真。

一天，豆豆给爷爷模仿了一段昨天晚上在电视上看到的卓别林走路的滑稽姿态，逗得爷爷笑个不停，爷爷笑着抚摸着豆豆的小脑袋说：“豆豆真是厉害，长大了肯定有出息！”

听到爷爷表扬自己，豆豆的表现欲更强了，一只小手做着捋胡子的姿势，一只小手在爷爷的头上抚摸，并学着爷爷的腔调说：“爷爷真是厉害，长大了肯定有出息！”

可豆豆没有想到的是，紧接着迎来的却是爸爸重重的一巴掌和严厉的训斥声：“谁让你摸爷爷的头的？”

豆豆强忍着不让眼泪掉下来，问：“为什么爷爷可以摸我的头，我却不能摸爷爷的头呢？”

解说

孩子是善于模仿的，他们常常用自己所理解的行为方式和别人发生接触，他们认为既然一些事情大人能做，那自己也应该能做。就像案例中爷爷抚摸自己的头表示爷爷对自己的爱和关怀，那我摸爷爷的头也是爱啊！为什么就不行呢？为什么会遭到爸爸的训斥呢？面对大人的行为和举止，孩子有时候非常困惑，不知如何是好。

作为父母，对于孩子的错误应及时给予指导和纠正，并心平气和地告诉孩子其中的原因，使孩子真正理解其中的缘由，养成自觉遵守大家约定俗成的事情的好习惯。

常见回应

“你个小屁孩就敢摸爷爷的头，是不是想挨打啊！”

“你也太猖狂了，竟然敢摸爷爷的头，看我不打你！”

在孩子幼小的心灵中，人与人之间是平等的：既然爷爷以及其他人都能摸我的头，那我也理所当然地可以摸别人的头！孩子并不明白作为晚辈的他是不能随便摸爷爷的头的道理。父母对于孩子的自尊心和好奇心不能无情地打击，必须对孩子进行谆谆地教导，使之明白在传统礼仪上晚辈与长辈之间具有一定的平等。

合理解答

“头是人身上非常重要的一部分，也非常受人们的重视。爷爷是长辈，摸你的头是表示对你的疼爱。而你呢，是晚辈，随便摸长辈的头就变成戏弄和不尊重长辈了，这是禁忌，是不能随便做的！”

父母应给孩子讲道理，使之明白老人是家里的长辈，而老人的头更是智慧的象征，是一个家庭至高无上的尊严，而作为晚辈是不能随便摸长辈的头的，这是禁忌，也是传统伦理道德的一个重要部分。

为什么要等客人走了才能吃饭呢？

妈妈在厨房里忙活了半天，做了很多可口的饭菜，正要端出来准备吃饭时，门铃响了。

5岁的阳阳开门一看，原来是经常来找爸爸的李叔叔。爸爸和李叔叔在客厅里谈事情，妈妈看有客人来，也停止了将菜端出来准备吃饭的举动。

李叔叔走后，全家人才开始吃饭。吃饭时，阳阳抑制不住内心的好奇，问爸爸："爸爸，你不是经常跟我说热情好客是中华民族的传统美德吗？"

"是啊！"爸爸回答道。

"那为什么今天叔叔在的时候不邀请他一起吃饭呢？"

类似问题

我们为什么不能和叔叔一起吃饭啊？

解说

孩子经常会对父母的一些行为感到无法理解，就像上述事例一样，父母平时教育孩子对待客人要热情，但是父母却在客人在的时候不吃饭，这到底是为什么呢？如果父母不能给孩子一个合理的能使之信服的答案，孩子心中极有可能产生：虽然爸爸妈妈平时那样教育我，但是他们自己却做不到。此后孩子对于父母头头是道的道理和说教可能产生抵制或者虽表面接受但内心却鄙视的心理。

常见回应

"妈妈花了那么多工夫给你和爸爸做了好吃的，都让客人吃了怎么办？"

"你怎么会有留他吃饭的想法呢？万一他有病传染给咱们怎么办？"

爸爸妈妈不是经常教育我热情好客是中华民族的传统美德吗？今天是怎么啦？为什么反差那么大呢？……父母反复无常的行为以及教育方式不但会引起孩子的疑惑，而且如果孩子长期在这种变化无常的教育方式下生活和成长，也会导致性格的扭曲。

合理解答

“孩子，你想想，如果我们说要吃饭了，客人是不是就不好意思继续在我们家跟你爸爸谈事情了？这不是在赶客人走吗？你说对吗？”

无论面对孩子的什么问题，父母都应心平气和地给孩子进行讲解，使之明白父母之所以这样做的道理，并在理解父母行为的同时，积极效仿父母的良好品德和行为。

“宝宝，中国有一些不成文的规矩，例如当着客人的面说要吃饭，其实就是下逐客令，这是一种不礼貌的行为。但是这和爸爸妈妈平时教育你的热情好客是不冲突的。”

这种说法解释了父母之所以这样做的原因，又对孩子进行了社会习俗的教育，不失为一种好方法。

妈妈明明不喜欢阿姨的衣服为什么还说它漂亮呢？

对门赵阿姨新买了一件大衣，她穿着新衣服兴冲冲地来到勤勤家，向妈妈展示：“敏姐，你看我今天新买的大衣，漂亮吗？”

勤勤觉得衣服的样式和颜色都不好看，而且跟妈妈平时穿衣服的风格一点儿也不符合，妈妈肯定不喜欢。

但是出乎勤勤意料的是妈妈不但对赵阿姨的衣服大加赞美了一番，而且还说自己回头也买一件。

赵阿姨走后，勤勤不解地问妈妈：“妈妈，那件衣服那么难看，而且你平时不是最讨厌那种样式的衣服吗？怎么还说衣服漂亮呢？”

类似疑问

妈妈为什么说谎呢？

我为什么不能说实话？

妈妈不是教我说诚实才是好孩子吗？

解说

父母应告诉孩子与人交往要以诚相交，要让别人喜欢自己，就要让别人完全理解自己。但是另一方面，家长也应该教会孩子善于保护自己。例如撒谎，父母就可以向孩子这样解释：撒谎分两种，一种是恶意的谎言，是指为了达到个人目的，不惜损害他人利益而编造的谎言；另一种是善意的谎言，它对于建立好的社会关系和人际关系有一定帮助，是一种社交技能的体现。

常见回应

“大人的事情你小孩子不要管那么多！”

父母不要因为孩子戳破了自己的谎言就恼羞成怒，用训斥来回避自己说谎的事实，这会引起孩子产生妈妈是不诚实的想法，从而破坏父母在孩子心中的尊严和威信。

“你好好学你的习就行了，其他的事情不要管！”

越来越多的父母只重视孩子的学习而忽视孩子其他品德和人格方面的培养，这是非常错误的，只有各方面全面发展的孩子将来才可能有所成就。

“妈妈是不喜欢那件衣服，但是我不能当着她的面说啊！”

父母在孩子面前最忌讳的是言行和举止人前一套、人后一套的做法。这样不仅有损父母在孩子心目中的形象，也会让孩子学会虚伪和撒谎。

合理解答

“宝宝，每个人对漂亮都有自己的标准和看法，妈妈是因为自己不适合

穿才不喜欢那个样式的衣服，但是赵阿姨的身材很适合啊，穿上也很漂亮！当然你要是觉得不好看，也可以保留自己的意见，但是不能因此而伤害别人。”

告诉孩子每个人的审美观点都是不一样的，所谓“萝卜白菜，各有所爱”就是这个意思。自己可以不喜欢某种东西，但是不能因为自己不喜欢就说别人喜欢的东西不好，这样会让别人不高兴或是伤心。

“阿姨非常喜欢那件衣服，想买那件衣服已经很久了，现在终于买了，如果妈妈说不好看，阿姨会伤心的！再说啦，只要阿姨喜欢，穿上那件衣服也觉得自己漂亮、有自信，也很好啊！”

告诉孩子有时候为了不伤害别人而适当地说一些善意的谎话也是可以的。但是不要别人刚转身离开，就说衣服不好看，这么做就变成了虚伪。

专家点评

任何社交禁忌和社会习惯的形成都有其深刻的历史原因，并且大多数社会禁忌和社会习惯都带着厚重的历史印记。孩子们了解以及学习社交禁忌与社会习惯的过程，实际上就是他们学习历史的一个重要过程。不但如此，日常生活中了解并遵守社交禁忌和社会习惯，还是尊重别人的具体表现。

因此，在孩子的成长过程中，父母应不厌其烦地对孩子进行社交禁忌和社会习惯的教育，例如：什么场合应该穿什么样的衣服，什么样的场所说什么样的语言，面对什么样的人应使用什么样的言语和举止等，让孩子真正成为一个有风度、有修养、受大家欢迎的人。

第三节　物质的诱惑

放学后，涛涛和利利都在等各自的爸爸妈妈来将其接回家。

不一会儿，只见利利的爸爸笑呵呵地来到利利的面前，正打算抱起利利，突然利利说："涛涛，你妈妈还没有来，不如让我爸爸开车送你回家吧！"

涛涛看着利利摇了摇头，似乎有些委屈。利利朝涛涛招了招手，和爸爸走了。

过了一会儿，涛涛的妈妈终于来了。看着因骑自行车而气喘吁吁的妈妈，涛涛问："妈妈，为什么利利家有汽车，我们家却没有呢？"

我为什么不能拿那些东西呢?

周六上午，妈妈带着3岁的云云到超市购物。

云云在超市里，也学着妈妈的样子，一会儿看看这个，一会儿看看那个，把自己喜欢的东西都放进了妈妈的购物筐里。两人忙活了一个多小时，妈妈和云云才一起回到了家里。

到家后，云云从小兜里拿出了一个棒棒糖一边给妈妈一边说："妈妈，你吃。"

妈妈一看，非常奇怪："刚才没有买棒棒糖，云云是从哪里拿的呢？"

妈妈耐心地问女儿："云云，告诉妈妈，是谁给你的棒棒糖？"

"我自己刚才在那个超市里拿的啊。"云云很自豪地说。

"你这么小就知道偷东西了！"愤怒的妈妈说着一个巴掌打在了云云的小手上，云云顿时哇的一声大哭起来。

类似疑问

妈妈，我们去超市拿东西好吗？

妈妈，钱是什么呢？

为什么不能拿亮亮家的东西呢？

解说

对于三四岁的孩子来说，他们经常以自我为中心来看待周围的事物，还无法区别自己的东西与别人的东西的不同，这是幼儿心智发展的正常阶段。所以，孩子有时候也会在无意识的情况下拿超市里的东西或者是别人的东西，但是孩子自己并没有偷的概念和意识。

上述故事中的妈妈将云云的行为视为偷窃，实在是太冤枉孩子了。云云才3岁，在她的头脑中，根本还没有物品所有权的概念，她只知道有了吃的大家一起吃，并没有什么你的东西、我的东西之分的概念。在超市里，她只看到妈妈把想要的东西往篮子里装，但并没有注意到妈妈在柜台付钱的过程。在她的心中，并不认为拿超市里的东西是不对的行为，这就需要父母耐心地慢慢教育，让孩子逐渐懂得别人的东西不能随便拿的道理。

常见回应

“你是个坏孩子！”或“你是个小偷！”

“你怎么偷别人的东西！”

“你跟我一起给别人道歉去。”

父母的这种态度是非常不恰当的，孩子并不知道东西是要用钱买的。此时，家长的吼叫、责骂都不是解决问题的办法，只会增加孩子的恐惧感。父母需要反复给孩子讲道理，让其明白这么做的危害性。

合理解答

“孩子，到超市里买东西是需要付钱的，不告诉别人就拿东西，这是很不好的行为。记住，下次要等妈妈付完钱之后再拿东西，知道了吗？”

告诉孩子他错误的真正所在以及正确的做法，是有效防止孩子再犯类似错误的好方法。

“这是亮亮的玩具，你不告诉他就把玩具拿回来，他找不到会着急的。如果你也想要，可以告诉妈妈，必要的时候妈妈可以买给你。以后不要不告诉别人就拿别人的东西，那是不对的！”

如果孩子一不小心拿了别人的东西，父母可以采用让孩子站在其他小朋友的角度想一想的办法来教育孩子，然后带孩子一起把东西还回去，并且让孩子道歉。

为什么别的小朋友有新鞋我没有？

一天放学后，小辉回家对妈妈说，“妈妈，我的同桌今天穿了一双新球鞋，是耐克的，酷呆了！你什么时候也给我去买一双吧！”

妈妈听了一愣，那鞋可要好几百块钱啊！对于一个工薪家庭来说还真是一个负担，但想想还好，今天儿子想要的是鞋，不是轿车或者其他更贵的东西。

类似问题

为什么其他小朋友有新衣服我没有？

为什么不给我买小利那样的玩具熊？

小伟家都有汽车，为什么我们家没有呢？

为什么莉莉家的车比我们家的好呢？

解说

攀比心理是一种不愿落后于人、超群好强、物欲性强的内心综合流露，这种心理在特定情况下能起着积极的促进作用，例如：乐乐小朋友贪玩，学习成绩比较落后，爸爸妈妈为了鼓励他刻苦学习，与他约定“如果成绩能赶

得上唐唐就给他买与唐唐一样高档的书包”，这样迎合了乐乐的心理，结果成绩真的赶上了唐唐。因此，现实生活中，父母有时候常利用孩子的攀比心理使其在其他好的方面赶上别人。

但是，长此以往攀比心理会给幼儿的身心健康带来消极的负面影响。父母如果掌握不好其攀比的程度，听之任之，久而久之，后果将不堪设想。

常见回应

“既然别的小朋友都有，那我们也买一个吧。”

对孩子的过分要求作出让步就等于溺爱，这种做法导致的后果是助长了孩子盲目攀比、从众、喜新厌旧的不健康心理。

“这次给你买了，你一定要好好学习啊！”

父母如果想要采取这样的方式激励孩子学习的话，那尺度一定要把握好，否则孩子以后要是拿“你不给我买，我就不好好学习”为理由，那父母的麻烦就大了。

合理解答

“宝宝，对于你的合理要求，妈妈会答应你。但是太贵的东西我们不能买，这属于奢侈浪费。”

有些家庭的经济不太宽裕，但是父母怕自己的孩子被人瞧不起，当孩子要东西的时候，父母便迫不及待地为孩子买一份，哪怕自己再苦再累。但是孩子有时候并不了解父母的苦心，继续着他的过分要求。其实，父母可以直截了当地告诉孩子买不必要的东西就是奢侈浪费，让孩子知道以我们现在的能力哪些东西可以买，哪些是超出范围的，孩子知道了这样一个底线，会慢慢养成不奢侈浪费的好习惯。

“虽然我们不像莉莉家那样有汽车，但是你想想看，我们是不是每年都出去旅游呢？每一家都有各自的花钱方式，莉莉家的钱花在买汽车上，而我们的钱花到了旅游上啊。”

生活中，孩子常常拿自己与小伙伴做比较。对孩子的这类问题，你大可不必与孩子争论谁家家当更多、更好，因为那样是不能从根本上解决问题的。你可以悄悄地把话题引到讨论各家的花钱方式上，指出你们家把钱花在每年一次的旅游上，或者告诉孩子家里想存钱供其上大学，所以不选择豪华的汽车、宽大的房子。如果你们家与孩子的小伙伴家的收入确实有很大差距的话，你应坦白地告诉孩子不同的环境，不同的工作挣钱多少也是不同的，并且各个家庭的花费也是不同的。

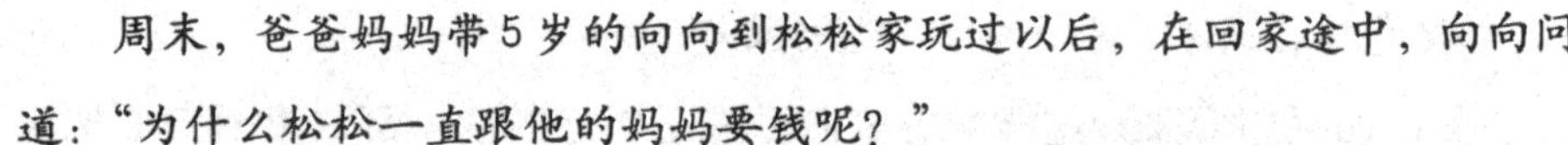

为什么松松向他妈妈要钱呢？

周末，爸爸妈妈带5岁的向向到松松家玩过以后，在回家途中，向向问道："为什么松松一直跟他的妈妈要钱呢？"

"也许他想要很多东西吧！"妈妈漫不经心地说。

"那我也想要钱。"向向抬头看着妈妈说。

类似问题

你能给我钱吗？

妈妈，为什么你不给我钱呢？

解说

众所周知，在孩子的成长过程中，孩子的小伙伴起着极其重要的作用。孩子可以从小伙伴那里获取知识、得到信息，与小伙伴一起学习和玩儿游戏有利于培养孩子的社会适应能力，最重要的是孩子与小伙伴之间产生高尚、真挚的友谊是他们人生中一笔巨大的财富。

但孩子在与小伙伴进行交往中，父母也要给予正确的引导，使正面作用充分发挥的同时，也要防止小伙伴之间不好的行为相互影响。

常见回应

“好，那到家之后妈妈也给你钱。”

对孩子的任何不合理的要求都给予满足，只能放纵孩子娇生惯养的坏习惯和性格。

“你怎么什么都跟别人比呢？你怎么不跟别人比学习啊！”

教育孩子是一个漫长的过程，在此过程中耐心是非常重要的，父母切不可还没有听完孩子的话就开始动怒。

合理解答

“现在你所需要的东西，妈妈都已经买给你了，而且奶奶也经常帮你买东西。等到你再长大一些，能够自己管理钱的时候，妈妈就会给你一些钱，让你自己管理。但是现在，你要的东西还是要由妈妈和奶奶买给你。”

给孩子讲道理，使孩子从心底打消这种错误的想法。

“孩子，每个人都有缺点和优点，你的小伙伴们也是，我们要勇于学习他们的优点，使之成为自己的长处；而对于他们的缺点，我们要帮助他们改正，千万不要学。小伙伴之间要比优点、比长处，而不是相互学习不好的东西。”

父母要时时关注孩子的成长，对于成长过程中出现的瑕疵要及时给予指正，不要一味地对孩子进行迁就。

专家点评

每一个家长都非常疼爱自己的孩子，但疼爱方式的不同也将导致不同的结果。父母对孩子不应娇惯放纵，而应严格要求，但是有的父母对孩子却是有求必应，甚至满足孩子的过分要求。而事实上，过分地关爱孩子就是放纵、溺爱，并不是真正的爱护孩子，那样只会害了孩子。在过分溺爱的环境中成长的孩子，容易养成娇生惯养、任性霸道、以自我为中心的坏习惯与性格。而生活中一旦有挫折或者麻烦，就容易禁不住挫折的煎熬。一旦步入社会，很容易不顾社会道德、法律规范，一意孤行地以自私、任性的态度来追求自己的目标，甚至做出违反法律的事情。

父母爱护孩子要爱到正确的点上，不可盲目溺爱。

我可以用我的压岁钱买我想要的玩具吗？

五岁的丹丹在春节期间随着父母走亲访友，不少叔叔阿姨看到活泼可爱的丹丹纷纷拿出了早已准备好的红包塞到丹丹手中。短短几天时间丹丹就收到了数目不菲的压岁钱。

妈妈为了避免丹丹把钱搞丢决定替丹丹保管这一大笔钱。没想到丹丹却把压岁钱往背后一藏，说什么也不给妈妈。妈妈问她为什么，丹丹说："我看中了一件新玩具，我可以用我的压岁钱来买吗？"

解说

随着人们生活水平的提高，孩子接触到金钱的机会也越来越多，数目也越来越大。但是年幼的孩子并不能正确理解金钱的价值概念，仅仅知道金钱可以换取自己想要的东西。这就需要家长从旁进行引导，让孩子理解金钱的价值，树立正确的金钱观。

常见回应

"小孩子拿那么多钱干什么？万一丢了怎么办？拿来，让妈妈帮你存着。"

这种命令式的要求是十分不恰当的。当孩子已经对金钱有了模糊的认识后，他们会意识到钱可以换取自己想要的东西，所以当父母很粗暴地从他们手里把钱拿走的时候，难免在孩子幼小的心灵中产生对父母的不信任感。从另一方面来讲，父母不让孩子拿钱也是为了避免孩子由于对钱的观念理解不够而出现乱花钱的现象。这种心理是能够理解的，但是家长简单地把钱抓在自己手上，孩子要一点就给一点，这种做法既不能帮助孩子树立良好的金钱价值观，也把理财这一生活必备常识从孩子的生活中割裂出去，造成孩子在长大以后没有理财观念，花钱大手大脚的恶习。

合理解答

“你现在还小，暂时用不到这么多钱，你可以留下一部分作为零花钱，但是不能乱花。下午要不要跟妈妈一起去银行？我们把其余的钱存起来好不好？”

这种回答明确告诉了孩子，父母并不是要把钱从他们手里拿过去，而是因为孩子太小无法自己支配这么大数额的钱。如此解答能够消除孩子心中的不满，但是家长在管理这笔钱时最好向孩子公开透明，让孩子明白父母只不过是在替自己保管，这样也能增加孩子对父母的信赖。另外带着孩子到银行办理储蓄业务，可以让孩子认识到理财的重要性，还可以避免孩子养成有多少钱花多少钱的坏习惯。

第九辑

文明与美德

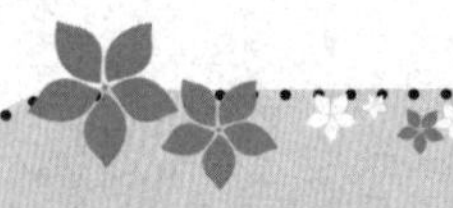

每一个父母都希望自己的孩子是一个“懂事”的孩子。这里的“事”，其实就是社会规范、道德感以及其他一些传统美德。许多父母也许觉得，让孩子学会太多的“规范”会让孩子“吃亏”、“受束缚”。其实不然，社会的发展使人与人的交往越来越密切，必要的规范和美德是人际交往的一些润滑剂，懂得这些，孩子才能在日后的生活中与社会交融、与他人沟通得更顺畅。

还是那句老话：该是自己的，就要努力争取；不是自己的，分文不取。让孩子懂得社会会有黑暗、需要自立和“现实”的同时，也让他们学会一些社会规范，学会与人为善，这样的孩子才能健康地长大、快速地步入社会中去。

第一节　传统美德

姨妈带着5岁的小表姐月月到4岁的昆昆家做客，在吃苹果时昆昆和月月发生了冲突。

“我就要那个又红又大的！”昆昆坚持要那个最大最红的苹果，说着把那个苹果拿到了手里，紧紧抱在怀里，唯恐月月抢了似的。

“我也要那个最大最红的！”月月说着就去夺昆昆怀里的苹果。

眼看着两个孩子就要打了起来，妈妈赶快过来协调。了解了事情的经过后，妈妈对昆昆说：“宝宝最乖了，把苹果给月月好吗？”

“月月比我大，是姐姐，为什么还要我让她呢？”昆昆不服气地说。

“月月虽然比你大，但是今天她来到咱们家做客，姐姐就是客人啊。你想想作为小主人的你是不是应该让着客人啊？”妈妈耐心地说道。

为什么要把最好的苹果给奶奶吃呢？

妈妈从超市里买回几斤苹果，从中拿出几个洗好之后，先挑了一个最大最好的递给了正在阳台晒太阳的奶奶。

其实5岁的小建在妈妈刚回来的时候，就看到了妈妈手中提着他最爱吃的苹果，心里正想着：我一定要那个最大的苹果。可谁知妈妈却偏偏先给了奶奶，小建感到有些生气，问妈妈：“妈妈，为什么每次吃水果你都把最大最好的给奶奶呢？”

类似问题

为什么每次吃东西都给奶奶最好的？

为什么每次好东西都给外公吃？

为什么经常给爷爷奶奶寄钱？

解说

现在的孩子多是独生子女，他们享受着来自爸爸妈妈、爷爷奶奶以及外公外婆等过多的关爱，不少已被娇惯、宠爱得像个小皇帝。

一些平时缺乏亲情教育的孩子，理所当然地认为爸爸妈妈、爷爷奶奶照顾自己是天经地义的事情。其实，孩子有什么错呢？最主要的还是因为家长不能以身作则地教育孩子尊敬老人，而是以一种看似无私、其实自私的溺爱将孩子紧紧地包裹起来。

其实，父母在孩子年幼时，在平时的生活中，就应该培养他们尊敬老人、孝敬老人的观念，让敬老深入孩子的心灵，成为他们的本能。更重要的是父母要树立好榜样作用，用自己的实际行动感化孩子，使孩子逐步形成自己的价值观。父母不要忽视这些潜移默化的教育，它会成为孩子一生受用的宝贵财富。

常见回应

“这次给奶奶，下次给你吃最大的！”

父母在教育孩子孝敬长辈的过程中，切不可因为事情较小就忽略。殊不知集腋成裘、积水成渊，孩子良好的品行是在日常的点滴小事中培养起来的。父母要经常注意并纠正孩子在小事上表现出来的不敬念头，久而久之才能形成良好地敬老习惯。

“你那么小，怎么总想着跟大人比呢？”

父母的这种回答虽然暂时可以压住孩子的欲望，但是不知其中道理的孩子并不明白自己究竟错在何处，所以孩子也不可能发自内心地孝敬长辈。

合理解答

“孩子，咱们这个家啊，最先有的是爷爷奶奶和外公外婆，爷爷奶奶、外公外婆含辛茹苦地把爸爸妈妈养大，然后才有了你。他们为咱们这个家所做的努力是最多的，也是最辛苦，功劳最大的人。现在奶奶年纪大了，身体不好也非常需要营养，你说是不是应该将最好的苹果给奶奶吃呢？”

在日常的生活和点滴的事情中，父母首先要孝敬老人，做好孩子的表率，因为孩子对父母以及其他老人的态度在很大程度上受到父母的影响。父母应告诉孩子孝敬老人的原因，使孩子真正理解他们曾经为家庭付出的艰辛和磨难。

“现在给奶奶吃最好的，等将来你年纪大了，你的孩子也会给你吃最好的！记住宝宝：孝敬老人是我们的传统美德，你将来希望你的儿子、孙子怎么对待你，那你现在也要怎么对待你的长辈。”

从小就要教育孩子孝敬老人，让敬老成为他们自己的观念，成为他们生活中的一部分。

为什么要经常去看外公外婆？

雯雯和爸爸妈妈像往常的周末一样走在去外公外婆家的路上。雯雯看着外面美丽的景色，想起儿童游乐园里和爸爸妈妈一起玩耍的欢快的小朋友，忍不住问妈妈：“妈妈，为什么我们要经常到外公外婆家啊？外婆家又没有好玩儿的。”

妈妈说：“我们要去看外公外婆啊，因为外公外婆很想雯雯，我们不去，他们会难过的！”

雯雯兴奋地说：“那我们把外公外婆接过来住，他们就可以天天看见我，我们也可以出去玩儿啦！”

类似问题

为什么要经常去看爷爷奶奶？

为什么不把爷爷奶奶接过来和我们一起住呢？

解说

随着人们物质生活水平的提高和住房条件的改善，越来越多的晚辈有了自己的小家，不和父母居住在一起了。但是不管怎样，尊老、敬老的传统美德是不应改变的。父母自己不仅要尊老、敬老，而且还要以身作则经常教育孩子继承这个优良传统。

常见回应

“如果我们不去看外公外婆，他们会生气责怪我们的。”

“咱们家那么小怎么能住下那么多人呢？”

孝敬父母不是一种负担，而是作为子女应尽的责任和义务，父母给予了我们生命，哺育了我们成长，教育我们做人，我们孝敬他们是理所当然的。父母应从小教育孩子使之明白、懂得自己所应该承担的责任和义务。如果我们将去看望父母、与之交流和沟通看成一种负担，又怎能指望自己的子女对自己的真情流露呢？

合理解答

“我们不去，外公外婆会想咱们的！”

“虽然爷爷奶奶不和咱们住在一起，但他们最关心的还是爸爸妈妈和你，我们还是最亲的一家人。宝宝说咱们是不是应该经常去看他们，多关心他们啊？”

父母常带孩子看望爷爷奶奶、外公外婆，鼓励他们与长辈多沟通，让他们真正体会“回家”的幸福感觉，仔细体味老人关心的言语以及行动，记住老人为他们做的可口的饭菜、买的漂亮新衣，让孩子从中体会到温情和关怀。同时也教孩子学会关心和体贴别人，回报给予自己爱的老人。父母常带孩子回家看他们的爷爷奶奶，自己年老时，才能常有子女带着他们的孩子来看望自己。

“宝宝，外公外婆已经习惯了现在的家，到了新的地方他们会不习惯的。但是不管外公外婆住在哪里，我们都应该孝顺他们，经常去看他们啊！”

告诉孩子，老人住在哪里不是最关键的，关键是要继承尊重老人、孝顺老人的传统美德，让老人无忧无虑地享受天伦之乐。

为什么要让着小弟弟呀？

一天，姑姑带着儿子刚刚来到3岁的莉莉家做客。

妈妈以为莉莉有了小伙伴和她玩耍一定很高兴，但是事实却正好相反，莉莉不但不欢迎刚刚，还紧紧地护着自己的东西，就连平时一点都不喜欢的玩具也不让刚刚碰一下。

妈妈看到这种情景，对莉莉说：“莉莉乖，把玩具给小弟弟玩儿，好吗？你要让着弟弟啊！”

“我就不要给他玩儿，为什么要让着小弟弟啊？”莉莉不满地说。

类似问题

他比我大，为什么还要我让着他呢？

为什么要让客人先吃？

解说

现在很多家庭都只有一个孩子，他们独自享有父母的爱、可口的美食、各种各样的玩具等。生活在独享环境中的孩子，比较容易养成自私、任性、霸道、专横等扭曲的性格。因此家长的溺爱和过度关注往往造成孩子缺乏独立自理能力和人际交往能力，不知如何去关注、帮助和爱护周围的伙伴。

作为家长要及时对孩子进行教育，否则等到问题扩展到很严重的程度时再后悔莫及也无济于事啦！

常见回应

“你是姐姐，当然要让着小弟弟了。”

父母的强硬态度并不能改变孩子的行为和举止，而且孩子也不可能从根本上理解和懂得谦让和照顾弱小者的美德。

“小弟弟是客人，你就应该让着啊！”

父母这样教育孩子，他们会认为客人是来争夺他们东西和父母疼爱的可恶的家伙，这样只会增加孩子对客人的厌烦和讨厌。

“这个先给小弟弟，回头妈妈再给你买更好的。”

父母这样教育孩子，看似是对孩子进行关爱和安抚，但结果却可能导致孩子向伪善、自私等不好的方向发展。

合理解答

“宝宝，想想看，你到小辉哥哥家的时候，哥哥是不是把玩具都拿给你玩儿，什么事情都让着你呢？弟弟比你年龄小，你是大姐姐应该向小辉哥哥学习多照顾弟弟，有了好东西呢，也应该跟弟弟分享啊！”

“孩子，如果我们到哥哥家做客的时候，他不给你玩儿玩具，还把最好的东西留给自己，你难过吗？所以呀，我们要想别人对自己好，不让别人说自己没礼貌，就应该好好对待他们！”

父母用生活中实际发生的例子教育孩子，只有对那些比自己弱小的、比自己更需要的人，才可以谦让，这样孩子才能更好地理解和接受谦让的精神。

“你是小主人，你来招待客人吧！”

父母不要强迫孩子把自己喜爱的玩具给别人。孩子与小弟弟的冲突是由成人的“偏心”引起的，与其责怪孩子不如换一个“公平”的标准来鼓励孩子交往，譬如：引导孩子招待客人，这样既强调了孩子的主导地位，让他（她）

产生责任感，又照顾到了客人。

“宝宝，还记得妈妈给你讲的‘孔融让梨’的故事吗？当大家吃东西的时候，小孔融是怎么做的呢？宝宝是不是也应该向孔融学习呢？”

经常给孩子讲谦让的故事，用故事启发孩子，使孩子懂得谦让是一种美德，是一种风范，用正确的人生观对孩子加以引导。

专家点评

尊老爱幼是中华民族的传统美德。家庭作为社会的一个重要组成部分，在培养孩子尊老爱幼方面，父母有着义不容辞的责任。

父母应从小教育孩子尊老爱幼，那不仅能促进家庭的和睦、家庭成员之间的相互关爱，还能陶冶孩子高尚的情感。有无尊老爱幼的习惯，实质是一个人能否尊敬他人、关心他人、爱护他人的大问题。当然父母在对孩子进行教育的时候，也要讲究一定的方法。除采用平时的言辞教育外，父母还应为孩子多创造与老人接触、关爱老人以及幼儿的机会，使尊老爱幼体现到具体的生活言行上。

父母在对孩子进行尊老爱幼的教育时，首先要以身作则，作孩子的楷模和良好榜样。父母如何对待长辈，直接影响着孩子的言行表现。作为父母，要首先对自己的行为做一番反省，严格要求，只有自己首先做到了尊敬老人、关心老人、孝敬老人，用自己的言行影响孩子，孩子耳濡目染，才会逐步养成尊老爱幼的好习惯。

第二节　文明与礼貌

公共汽车到站了，这时上来了一位年轻的母亲抱着一个看上去正上幼儿园的男孩。车上的一位阿姨从座位上站起来让他们坐下。

母亲让孩子说声谢谢，可那个男孩反而白了阿姨一眼，说："为什么要说谢谢啊？我是孩子她本来就该让座啊！"然后开始若无其事地往窗外看。

母亲非常尴尬，却又无可奈何地说："孩子就是这样。"

阿姨说："没什么。"

男孩就那样一个人坐着，母亲站在他的身旁。车越来越挤，母亲想抱着孩子坐下，但男孩却伸手打自己的母亲，不让母亲坐，母亲只好苦笑了一下。

为什么我跟他们开玩笑他们也会生气呢？

宾宾带着五六个小朋友在自己家的院子里玩耍，妈妈在客厅里听见孩子们在不停地说话。

"他的眼睛总是肿肿的，就叫他'肿眼睛'得啦！"一个小朋友提议说。

"好啊！好啊！就叫他'肿眼睛'啦！"另一个小朋友欢呼道。

"我不要叫'肿眼睛'，那多难听啊！"一个细细的声音说。但是他的说话声很快被其他小朋友的欢呼声淹没了。

"那牛牛呢，你们看他那么胖，又那么笨，我们就叫他'大笨熊'啦！"妈妈听得真切，这是宾宾的说话声。

"你才是'大笨熊'呢！你总爱给别人起外号，你真是讨厌，我们都不要跟你玩儿了！"叫牛牛的孩子大声地反抗着。

不一会儿，其他孩子都相继离开了宾宾家。宾宾非常沮丧地问妈妈：“我只是跟他们开玩笑，他们为什么会生气呢？”

类似问题

为什么我不可以给别人起外号啊？

我开玩笑，老师为什么批评我呢？

解说

孩子思想活跃、性格开朗、爱说爱笑，从某一些方面来讲是一件好事情。因为通常情况下，这样的孩子的智力和情商也是超前发展的。如果孩子的语言幽默机智，还会给人们带来很多欢乐。但是如果利用别人的缺点而给别人取外号取笑、伤害别人，那就是不文明、不道德的行为了。所以，一旦出现上述类似情况时，父母要及时给予孩子正确的引导。

常见回应

“你开玩笑他们还生气，咱们不跟他们玩儿了！”

“哎呀，我们家宝宝真是厉害，说得挺形象啊。”

对于孩子的过分玩笑，父母应该及时给予正确地指引，如果一味地纵容甚至夸奖孩子的过分行为，只会导致日后孩子更加放纵自己的行为。

“小朋友们生气不跟你玩儿，肯定是你太过分了。下次再这样，我要打你啦！”

孩子犯了错误伤害了别人，作为父母当然要提出批评，但是不能用恐吓孩子的方式强迫孩子改正，即使这样孩子将来也不一定就能如父母所愿将错误改正。正确的做法是告诉孩子错误的原因以及改正的方法，这样孩子就能逐渐掌握开玩笑以及做事情的尺度了。

合理解答

“孩子，与别人开玩笑要掌握尺度。如果开过了头，那就不再是玩笑了，而是对别人的侮辱，那是不尊重别人的表现。你想想看，如果别人侮辱你、不尊重你，你还会高兴吗？”

用平和的语气对孩子讲道理，使之明白错误的原因。或者让孩子换位思考一下，效果将会更佳。父母也可以借此机会给孩子讲述一些生活中随便与人开玩笑而最后受到惩罚的故事，使孩子更真切、更具体地明白玩笑开过了头就不再是玩笑的道理。

“妈妈知道你是一个勇敢并且知错就改的好孩子，这件事情确实是你错了，和妈妈一起向他们道歉好吗？”

告诉孩子“人无完人”，谁都会犯错误，重要的是犯了错误后要勇敢面对并且承认自己的错误，及时进行改正错误的孩子才是好孩子。

让他们等会儿怕什么？

今天幼儿园组织小朋友们去公园春游，刚刚可高兴了，一大早就喊妈妈起床把自己送到了幼儿园。

下午妈妈到幼儿园接刚刚时，却发现刚刚像是变了一个人似的，哭丧着小脸，没有一丝兴奋和欣喜。

妈妈一问才知道原来事情是这样的：老师带着小朋友们到了一片绿油油的草地上之后，就让孩子们开始了自由活动，并告诉小朋友们等老师吹哨子的时候，大家再集合。小朋友们玩儿得不亦乐乎，尤其是刚刚，老师吹哨子的时候刚刚正在捉一只五彩斑斓、翩翩起舞的大蝴蝶，所以他迟迟不肯到老师那里集合。最后老师批评了刚刚，刚刚感到很委屈，所以就不高兴啦！

刚刚心有不甘，问妈妈：“让他们等一会儿怎么啦？至于批评我吗？”

类似问题

都还没有到呢，急什么啊？

解说

尊重别人，是人必须具备的一种品德。尊重别人就是尊重自己，并且只有尊重别人的人才能赢得别人的尊重。尊重别人的良好品德，并不是天生就具有的，而是后天接受良好的教育的结果。

父母应从小教育孩子尊重别人，而教育孩子尊重别人的前提是父母应首先尊重自己的孩子。英国著名教育家斯宾塞说过："野蛮产生野蛮、仁爱产生仁爱，这就是真理。"生活中，父母以应有的尊重对待孩子，孩子才会真正懂得尊重。而作为父母，在家庭生活中也要互相尊重，因为父母之间的相互尊重会在不知不觉中给孩子以良好的影响。相反，如果父母一方经常当着孩子的面揭另一方的短处，甚至谩骂对方，就会给孩子造成很恶劣的影响。"当面教子背后教妻（夫）"说的就是这个道理。父母要成为尊重别人的榜样，处处尊重别人。对于孩子有不尊重别人的言行举止时，父母要耐心地给予更正和指导，使孩子尽快形成尊重别人的好习惯。

常见回应

"是啊！让他们等一会有什么大不了的呢！至于批评我们家宝宝吗？"

过分溺爱，只会导致孩子无所顾忌地任性，使孩子根本不懂得尊重与付出。所以父母应好好想想，怎样才能让孩子意识到不守时的背后是信誉的丧失和品格的贬值呢？

合理解答

"孩子，你想想看，其他小朋友都听从老师的号召开始集合了，而只有你不遵守纪律，让那么多人等你一个人，这样大家就会不喜欢你、不理睬你、也不跟你玩儿了，那你多没意思啊？那样你会高兴吗？"

父母应及时告诉孩子错误之所在以及不改正错误可能带来的后果，同时让孩子意识到，只有尊重别人别人才会尊重自己以及尊重别人也是尊重自己的道理。

为什么不能叫他瘸子呢？

露露居住的小区里有一位残疾人王大爷，必须借助双拐才能行走。

一次露露在楼下和妈妈散步时，看到王大爷拄着双拐从远处走来，露露就一边做鬼脸一边模仿了起来，还一边对妈妈挤眼睛一边说："你看我学的像不像啊？"

妈妈看到露露的行为十分生气，训斥露露怎么这么没礼貌，并要求露露向王大爷道歉。露露委屈极了，小脸立刻涨得通红，泪水一下子涌了出来。

类似问题

妈妈，什么是残疾人啊？

他们是聋子吗？

解说

礼貌是人与人之间相互交往的道德准则和规范。父母应以身作则，给孩子提供良好的教育，使孩子从小就懂得什么是文明礼貌、文明礼貌的语言以及行为有哪些并让孩子将文明礼貌表现在与人的交往中，表现在实际的生活中。

常见回应

"你这样说他们，他们会自卑的！"

无论是身体残疾，还是智力有问题，用人的身体特征来取代称谓，都是不道德的行为。在人格尊严上，残疾人与健康人享有一样的权力。难道残疾人的尊严就比正常人缺失一些吗？

"傻孩子，别当面这么喊呀！"

妈妈是暗示孩子背地里可以歧视身体有残疾的人吗？从生理学的角度上讲，"人无完人"，每个人都是有缺陷的人，都有自己的弱点，想要自己不被人歧视，就不要歧视别人！

合理解答

“你看那个叔叔多了不起，虽然眼睛看不见，但还是自力更生努力工作，一点都不比那些眼睛能看见的人差啊！”

日常生活中，父母应多给孩子讲解张海迪、海伦等一些身残志不残的经典感人故事，使孩子了解并明白虽然他们身体上有缺陷，但是在其他方面他们和正常人一样，甚至比正常人做得还要好，让孩子了解、尊重身残志不残的残疾人。

“孩子，你知道吗，有些话让人听了高兴，有些话让人听了不舒服，甚至难受。你这句话就会让人不高兴。”

有时候孩子学了一句脏话或者侮辱性的语言，并不一定真正懂得那句话的含义。父母在利用该时机对孩子进行教育的同时，也要严格要求自己的言行举止，不要给孩子造成不好的影响。

“孩子，妈妈不是教过你吗?看见像爷爷奶奶那样的老年人，应该叫爷爷奶奶；看见像爸爸妈妈这样大的人呢？对了，应该叫叔叔阿姨，这些才是正确的称呼!这样才是妈妈的好孩子！”

在教育孩子的过程中，坚持使用正面教育与具体行为相结合的方法，因为那样能使孩子更直观、更真切地理解礼貌用语的含义，并会尽快使用到生活中。

为什么大人说话时我不能插嘴呢？

亚亚的爸爸正在客厅里和同事李叔叔谈事情，谈到高兴处，两人爆发出“哈哈”地大笑声。

“你这个主意真是不错，一方面可以开总结表彰大会，一方面还让大家观光旅游了一把！”爸爸由衷地称赞道。

“呵呵，桂林风景那么优美，而且距离咱们又不远，相信大家都愿意去！”李叔叔说道。

“爸爸要去桂林啊？带上我好不好？我也想去！”亚亚听到李叔叔提到桂林，马上说道。

“大人说话，小孩子插什么嘴啊！上一边学你的习去！”爸爸大声训斥道。

亚亚感觉很委屈，抹着眼泪问妈妈：“为什么大人说话时我就不能说话呢？”

类似问题

为什么大人可以说话，我却不可以说话？

你们为什么不让我说话啊？

解说

对于孩子打断别人说话、随便插嘴的现象以及其他不礼貌的行为，父母要及时给予正确的教育和引导，千万不要动不动就以训斥、甚至打骂来对待年幼的孩子，因为那样不但容易毁灭孩子的好奇心、打消孩子参与的积极性，而且容易挫伤孩子自尊心、增加孩子的自卑感。

常见回应

“你自己的事情你还做不好呢，大人的事情你管那么多干什么！”

“大人说话哪有你插嘴的份啊！你看人家豆豆从来不这样！”

孩子参与大人的谈话绝大部分是因为对大人的关心，或者是对大人谈话内容的新鲜和好奇，从另一方面说，这也是孩子有责任感以及求知欲的具体表现。大人们谈话时如果想要避开孩子的注意和打断，可以找一个比较隐秘的地方，或者是关上房间的门。但是，谈话已经引起孩子的关注，父母就要正确地面对孩子的参与欲望，给孩子以正确的引导，而不是生硬地训斥以及拿他与其他的孩子相比较，那样不但会挫伤孩子的积极性，还比较容易加重孩子的挫折感和自卑感。

“哎呀，我们家的儿子都敢上场面啦！值得鼓励啊！”

父母鼓励孩子勇于社交是对的，但是要注意场合以及对他人起码的尊重。对于孩子爱插嘴这个不文明的习惯，父母应及时予以纠正，不能听之任之，甚至抱着鼓励的想法，否则孩子将会养成这个不文明的坏习惯。

合理解答

“爸爸正在和李叔叔谈重要的事情，如果你在他们都不知道的情况下插上一嘴的话，就会打扰他们的交谈，影响他们的注意力，这是非常没有礼貌，也是非常没有教养的！”

“孩子，不等别人把话说完就发表自己的看法，是非常不礼貌的！你要是想参与到其中，可以事先跟爸爸说一下，征得爸爸的同意后，再说话。”

面对孩子插嘴的事实以及由此产生的疑问，父母应明确地告诉孩子随便“插嘴”以及打断别人的谈话都是不礼貌的行为，除非是非常着急的事情，一般情况下，不要不等别人把话说完就开始发表自己的看法，那是不尊重别人的行为。告诉了孩子这些道理，相信一般的孩子以后都不会再犯类似的错误。

专家点评

自古我国就是一个注重文明礼貌的礼仪之邦。文明礼貌不但反映了人与人之间互相尊重、互相关心的友好关系，而且还反映了公民自身的文化修养水平。孩子一旦养成了文明礼貌的好习惯，会给家庭带来很多生气和乐趣，给父母减少很多麻烦。更重要的是，养成文明礼貌好习惯的孩子，从小就会意识到自己的行为要受到社会规范的约束，从而逐步懂得其在社会上的责任，这样孩子将会更自觉地遵守社会规范的要求。

每位家长都有责任和义务对孩子进行文明礼貌的教育，而对于孩子来说，幼儿时期是行为习惯形成的重要阶段，父母应抓住这个有利的时机，尽快把孩子培养成讲文明、懂礼貌、有教养的好孩子。

父母教育孩子，首先要让孩子理解并且学会使用礼貌用语。例如：对长辈、父母、老师以及其他人要称呼“您”或“爷爷奶奶”、“叔叔阿姨”，不能直呼其名，更不能用身体特征代替称谓；当给别人带来麻烦时，要说“对不起”表示歉意；当得到别人的帮助时，要说“谢谢”等，使孩子从小做到语言文雅、彬彬有礼，不讲粗话、脏话，不强词夺理、恶语伤人。

只有文雅的谈吐而没有得体的举止是远远不够的，父母在教孩子使用礼貌用语的同时，还应培养孩子优雅得体的举止。例如：教育孩子遇到熟人要问好；进入别人的房间，要先敲门；客人来了要主动让座，并端茶倒水；不随便插嘴打断别人的讲话等，使孩子在谈吐和举止两方面共同发展和提高。

为培养孩子形成文明礼貌的言谈举止，父母要做好孩子的榜样，及时给予孩子指导和示范。

第十辑

平安生活每一天

“安全”与我们每一个人息息相关，牢固树立“安全第一”的意识，逐步提高孩子们的自我保护意识和能力，防范在先、警惕在前；必须要树立高度的安全意识，人人讲安全，时时讲安全，事事讲安全。

据统计，我国每年大约有1.6万名中小学生非正常死亡，中小学生因安全事故、食物中毒、溺水、自杀等死亡的，平均每天就有四十多人，也就是说每天将有一个班的学生在“消失”。

随着经济的发展，私家车也走进了普通老百姓的家，马路上车流量剧增，交通事故时有发生，小朋友们的日常出行多了很多不确定的危险因素。因此，如何提高交通安全的防范意识，是学校、家长和许多小朋友们迫切需要了解、注意的问题——注意交通安全，平安快乐地生活每一天。

第一节　日常安全

下班回家的妈妈打开家门后，映入眼帘的是一片狼藉，而自己刚4岁的宝贝儿子强强则一动不动地躺在地板上。

妈妈急忙去抱强强，不住地摇晃强强的身体，哭着呼唤自己的宝贝："宝宝，是妈妈，你快醒醒啊！"

在妈妈的摇晃下，只见强强慢慢睁开了眼睛，看到妈妈后，放声大哭起来，"妈妈，你终于回来了！呜呜……"

妈妈紧紧抱着强强，泪水也止不住地流了下来，"儿子，快告诉妈妈到底是怎么回事啊？"

"下午我在家看电视的时候，突然门铃响了，我还以为是爸爸妈妈回来了，就急忙去开门，结果门口站着一个陌生的叔叔，他说是爸爸的同事，是爸爸让他回来拿东西，还给我带来了一些礼物，所以我就让他进来啦。他给了我一杯饮料，我喝了之后就什么也不知道啦！"

为什么会有小偷呢？

5岁的伟伟在和妈妈一起看电视时，看到了电视中小偷偷东西并和人打斗的情景，非常害怕，于是问道："妈妈，为什么会有小偷？"

"因为有一些人在小时候，没有锻炼耐性。长大后，没钱花的时候却又想要花钱，于是就去偷了。"

"小偷真是个大坏蛋，偷了别人的东西，别人多着急啊！"

"是呀！所以你不要变成那种人，再怎么也要学习忍耐。"妈妈说。

类似问题

那些人为什么总是偷别人东西呢？

为什么会有坏人呢？

解说

有时候，孩子在电视里或者大街上看到一些可怕的场面时，就会感到不安，甚至产生恐惧。父母一旦发现孩子有恐惧或者疑问时，不要置之不理，要根据当时的情景，合理地给予孩子教导，解除孩子心中的不安，使之更好地保护自己。

常见回应

“因为有一些人在小时候，没有锻炼耐性。长大后，没钱花的时候却又想要花钱，于是就去偷了。”

当然，这样回答并不是不好，但是像小偷那种人，即使有时候有钱他还是会去偷的。

“妈妈怎么知道那些人为什么要去偷别人的东西啊！”

无可否认的是父母也有很多不知道的事情，但是父母不能因此就打击孩子发问的积极性，使孩子对提问产生恐惧。

合理解答

“那种人好吃懒做、心肠很坏，而且非常自私，所有人都不希望有那样的人存在。”

父母应从小严格教育孩子，告诫、监督孩子不要养成“偷鸡摸狗”的坏习惯，多给孩子讲解一些社会败类对人类的危害以及人们对他们的憎恶，最后，告诉孩子看见小偷正确的处理方法，避免孩子受到不必要的伤害。

看见小偷偷东西我该怎么办？

4岁的天天正在和爸爸妈妈一起看电视，电视中播报的故事深深吸引着天天。

在一个小朋友放学后坐公共汽车回家的车上，发现一个正在偷别人东西的小偷，小朋友大声喊："抓小偷！"但并没有人反应，后来不幸遭到小偷报复，美丽的脸庞留下了一道深深的刀痕。

看完后妈妈惋惜道："真是可怜啊！多漂亮的一个孩子脸上却被可恶的小偷划上了一道刀痕！"

"是啊！主要是孩子看到小偷后采取的方法不太得当，才导致这么可怕的后果。"爸爸也感叹道。

天天非常同情那个小朋友，同时也有一些恐惧，怯生生地问："真是可怕！那看见小偷偷东西应该怎么办呢？"

类似问题

看见不好的事情我该怎么办呢？

看见坏人做坏事我该怎么办？

解说

在孩子的成长过程中，不可避免地会从电视或者各种媒体上看到或者遇到一些不良的社会现象和紧急情况。平时的生活中，如果父母没有教孩子一些正确的应对方法，就像上述事例一样，当孩子面临突发事件以及危险时，就很可能会因为采用的方法不当而受到伤害，更严重者会为此付出生命的代价。

而事实上，作为父母的我们，在面对孩子的这些问题时，也会陷入两难的境地：与坏人作斗争，自己就可能会受到伤害；对坏人不管不问，自己又会受到良心的谴责。而对孩子的正确的教育方法是：在帮助孩子树立正确、健康的人生观的同时，要孩子记住“安全是第一位的”！也就是说父母既不应该教育孩子对任何事情都自私冷漠，又不能不负责任地盲目鼓励孩子铤而走险。父母应教育孩子在面对不良社会现象以及突发事件时，应该做一些力所能及的事。并在日常生活中，教孩子学会一些基本的语言和技巧，使孩子在保护好自己的前提下，使用比较巧妙的方法制止坏人的行为从而帮助别人。

常见回应

“看到坏人做坏事，你要勇敢地与坏人作斗争啊！”

“看见坏人，你要大声地喊叫！”

孩子本身就是受保护的对象，他们缺乏在紧急情况下的自我保护能力和安全防范的意识，如果直接让他们见义勇为与坏人作斗争的话，他们会比较容易受到伤害，甚至付出生命的代价。父母在教育孩子的同时要记住：生命是无价的！不要因为自己的教育不当而使孩子的身体受到伤害，生命受到威胁。

“你这么一个小孩子，不要管那么多闲事！”

“只要我们自己不做坏人就行了，其他的事情我们不要管！”

父母担心孩子受到伤害的心理是可以理解的。但是在父母这样的教育下，只会培养出自私、冷漠，没有同情心、没有奉献精神的孩子；而我们的社会也会随之变得冷酷、缺乏爱心和温暖。试想，如果有一天罪犯是针对我们自己的，那我们怎么办呢？

合理解答

“电视上的小朋友由于揭露了小偷的可耻行径而被小偷划破了漂亮的脸庞，孩子，你想一想在当时那个情景下有没有更好的方法提醒大家有小偷呢？”

“如果小朋友及时将小偷偷东西这个事情告诉售票员或者司机叔叔，让大人来对付小偷，这样是不是就更容易制服小偷了？”

与孩子一起讨论对付小偷以及一些坏人、坏事的方法和技巧，使孩子在保护自身安全的前提下，正确应对一些突发事件。

“孩子，还记得妈妈以前给你讲的警察叔叔是干什么的吗？对，他们就是专门抓小偷和坏人的，所以呢，看见了坏人做坏事你可以告诉警察叔叔啊。你现在还小，还对付不了坏人，但是你可以告诉大人，让大人来对付那些坏蛋，好吗？”

告诉孩子面对不良现象以及突发事情，可以采用更好地应对方法，父母应教育孩子回避直接面对危险的情况。与此同时，父母还要教育孩子不能躲避责任，要用更聪明、更适当的方法来帮助别人、战胜坏人。

家里出事了我该怎么办？

奶奶这几天生病了，不能下床。而碰巧今天爸爸妈妈都有紧急的事情要外出，于是照看奶奶的任务就暂时落到了5岁的成成身上。

爸爸妈妈一再叮嘱成成有事情要打电话，尽管奶奶和成成都说不会有事的，让他们放心地去吧，但爸爸妈妈还是非常不放心。

刚开始的时候，奶奶躺在床上休息，成成因为怕吵着奶奶，所以在奶奶的隔壁玩儿玩具，一切安然无恙。又过了一会儿，正在玩儿游戏的成成突然听到“扑腾”一声还有玻璃摔碎的声音，成成急忙跑到奶奶的卧室，只见奶奶躺在地上一动不动，而奶奶的旁边是一只摔碎的杯子。

一看到这个情景，成成顿时紧张得不知所措，他定了定神之后急忙拿起电话拨通了爸爸的手机。

因为抢救及时，奶奶脱离了危险，医生说如果再晚送来一会儿，后果不堪设想。

类似问题

家里着火了我该怎么办？

遇到突发事情我该怎么办？

解说

从电视上以及其他媒体上，我们都可以看到年幼的孩子创造奇迹的故事。他们之所以有如此出色的表现，无疑是父母以及社会给予其正确的安全以及自我保护教育的原因。如果所有的孩子都能得到这样的教育，相信我们的孩子会生活得更健康、更安全，而我们的社会也会更加充满阳光和希望。

常见回应

“赶快找人帮忙啊！”

即使我们成人也不得不承认我们身边的人是各式各样非常复杂的。而对于孤独无助的孩子来说，谁又能知道他们会向什么样的人求助呢。如果孩子求助的对象是值得信赖的警察、保安等，那我们还可以放心一些，但是如果是一些心怀不轨的人，那后果又是什么样子呢？

“赶快喊人来救你！”

“发生火灾要赶快往外面跑！”

对于家里失火这样的突发事件，让孩子坐等别人的施救很可能会贻误时机，而一味地告诉孩子往外跑，则可能会更加危险。父母最好是教孩子学会一些基本的自救常识，帮助孩子用正确的方法尽快脱离危险。

合理解答

“遇到突发事件，先不要慌，你可以找一些值得信赖的人帮忙，例如：警察叔叔、保安叔叔等。”

告诉孩子应对突发事件的方法：不要紧张，就近向一些可靠的人（如警察或保安）求助。如果需要医院帮助的，可以打医院的急救电话，平时父母还应教孩子记住自己父母的姓名、工作单位、电话号码、家庭住址以及周围明显的建筑，以便紧急时刻所用。

“妈妈给你写张字条放在你的口袋里，如果有事情的话，可以打字条上爸爸妈妈的电话。"

告诉孩子爸爸妈妈永远都是他值得信赖的人，遇到紧急情况，可以用公用电话或者家里的电话给爸爸妈妈打电话。

"妈妈教给你的这些发生火灾时的自救常识你都记住了吗？"

看到电视上或者生活中的一些现象时，父母要及时抓住这些机会对孩子进行安全知识的教育，此外在生活中要教会孩子正确地使用各种家电等，避免孩子由于好奇以及操作不当引起事故。

我为什么不能自己去上学？

菲菲今年5岁了，已经开始上小学了。虽然家里离学校很近，但是每次都是妈妈送菲菲来学校，一向自认为自理能力很强的菲菲有一些不满，非常羡慕那些不用爸妈接送的高年级的哥哥姐姐。

一天，妈妈又准备送菲菲上学，菲菲却磨磨蹭蹭就是不想走。

妈妈有些着急了，说："菲菲，咱们该去上学了。送完你妈妈还要去上班呢。"

"妈妈，既然你还要上班，让我自己去上学好吗？我已经长大了，能够自己去上学啦。"

妈妈终于明白原来菲菲是想自己去上学，但是面对现在错综复杂的社会现状，妈妈真是不知道该怎样给菲菲解释。

类似问题

为什么我不能自己去姥姥家？

为什么我不能单独出去一会儿呢？

解说

孩子的本领和能力大都是经过后天学习而来的，当作为父母的我们看到自己的孩子面对危险却不知道如何应对时，是否会感到失职呢？

我们应培养孩子树立强烈、有效并且科学的自我保护意识，使孩子自觉地远离危险，避免不必要的伤害。

常见回应

“宝宝真是太厉害啦！都敢一个人去上学啦！”

有生活和自理、自立能力，是很多父母培养孩子的一个重要目标。但是，面对各种不可预测的现实情况，建议除非孩子有足够的自我保护能力以及足够好的外部条件，父母尽量不要让初中以前的孩子自己上下学。

“你现在太小了，不能自己去上学！”

“你还太小，不能一个人去姥姥家！”

有的父母处处以“你还小”为挡箭牌，限制孩子的各种行为。尽管父母可以为孩子做很多事情，但是父母不可能为孩子做所有的事。教育孩子自我保护，正确规避风险，才是最根本的。

“妈妈不是告诉过你社会上有很多坏人吗？自己去上学多危险啊！”

恐吓教育永远不是最好的教育方式。作为父母应心平气和地给孩子讲解不让孩子自己去上学的原因，过分强调孩子独自去上学的危险性，只会增加孩子对这类行为的恐惧，致使孩子缺乏行为能力以及应对这类事件的勇气。

合理解答

“虽然你现在已经长大了，但是你还分不出哪些是好人哪些是坏人，等你能分出好人和坏人的时候，再自己去上学了，好吗？”

告诉孩子禁止其一些行为的原因，并告诉孩子一些安全知识和常识，确保安全。

“宝宝，为了保证你的安全，你要记住妈妈教你的这些，知道吗？”

对于安全这个问题以及相关的常识，父母要从小给予孩子正确的教育，例如：告诉孩子不要单独待在僻静的地方以及偏远的公园，晚上尽量不要单独出去，不要独自通过昏暗的地下通道，不要随便出入电子游戏厅、歌舞厅、台球厅等场所，不要随便吃陌生人给的食物以及饮料，不要随便给陌生人开门，不要搭乘陌生人的便车等，培养孩子防范以及自我保护意识。

专家点评

对孩子的安全与自我保护教育，是家长、学校以及全社会共同的责任。在全社会的共同努力下，才能使孩子形成正确的自我保护意识，沉着应对突发事件，合理规避风险，从而尽量减少伤害。作为家长，理所当然地对孩子的安全以及自我保护教育负有更大的责任，更应加强对孩子的安全教育。

第二节　交通安全

为什么车要靠右边行驶？

周末的街头车辆来往川流不息，妈妈和小雨站在路边准备过马路。妈妈拉紧小雨的小手，还不忘教育小雨过马路要先观察左边有没有车，到马路中间再看右边的车辆。小雨百思不得其解，问妈妈：“为什么要先看左边的车辆再看右边的车呢？”

妈妈回答：“因为车辆是靠右行驶的啊。”

“那为什么汽车要靠右行驶呢？”小雨挠挠头，还是不太明白。

解说

孩子刚接触社会，难免对一些大人习以为常的规定表现出不理解。父母应该成为孩子融入社会的领路人，正确合理地引导孩子，以孩子能够理解的简单言语将最基本的规则教给他们。

常见回应

“车辆靠右行驶是规定，你只要记住就行了。”

这种问题在成人看来是一种常识，所以一般也不会有人特意去思考。当孩子问到这类问题时，大人往往只知道答案，却不知道如何解释，为了掩饰这种尴尬，大人往往借助更高的权威来敷衍孩子，但是这并不能解决孩子心中的疑问。

合理解答

“你看，车辆都靠右行驶，就能够顺畅通行，不是显得很有秩序吗？”

“如果这辆车靠右行驶，而对面来的车靠左行驶，两辆车不就撞到一起了吗。这样多危险啊！”

7~8岁的孩子已经能够通过自己的观察判断出什么是守秩序的，什么是混乱的。而且这一年龄段的孩子已经懂得联想，父母要从旁稍一点拨，孩子就能理解遵守交通规则的重要性，这也是孩子初步接触社会必须要学习的一部分。

过马路为什么要走斑马线呢？

中午放学回家的路上，爸爸和明明走在回家的路上。忽然明明看到奶奶在马路对面向他招手，明明很高兴地准备跑过马路，却被爸爸严厉地制止了。

爸爸告诫明明过马路一定要走斑马线。

明明却有些搞不明白。

解说

交通安全意识对孩子的交通安全很重要，因为大多情况下孩子是在家长的带领或嘱咐下出行的。提高家长遵守交通规则的意识，使家长应知道叮嘱孩子哪些安全事项，使孩子出行更安全。

常见回应

“趁现在没车赶紧跑过去！”

这种做法图一时方便，却在孩子心中种下了恶果。孩子会逐渐忽视交通规则的重要性，视各种交通设施为摆设，极易造成严重的后果。这既是对交通规则的漠视，亦是对自己生命的漠视。

合理解答

“过马路一定要走人行横道，这样才更安全。”

小孩子的是非观念还并不十分牢固，非常容易受到外界因素的干扰，所以家长要特别注意，以免孩子的行为出现偏差。尤其是像交通规则这种关系到生命安全的领域，必须要给孩子灌输一个清晰的思维，务必杜绝孩子违反交通规则的行为，让他们意识到不遵守交通规则的严重后果。

坐公共汽车和地铁为什么要先下后上呢？

早上上班的人群熙熙攘攘，融融和爸爸在车站等公共汽车。不一会来了一辆公交车，车上的人挤得满满当当。当公共汽车刚一停下，车门打开的时候，融融听到售票员喊道：“请各位乘客先下后上！”

融融回过头问爸爸：“为什么坐公共汽车要先下后上呢？”

解说

随着城市道路越来越拥堵，公交车和地铁成为了更多人的出行首选。公共交通礼仪的问题也随之日益凸显，随着社会舆论的广泛宣传，公共交通礼仪的意识已经深入到社会各界，作为父母自然也有责任培养孩子的公交礼仪意识。

常见回应

“别管那么多，先挤上车再说！”

有时候父母表露出来的一己私欲潜移默化地改变了孩子，使孩子变得自私自利，这实在是父母教育的失误，同时这也体现了父母社会责任感的缺失。

合理解答

“你看看车厢里有那么多人，如果不让人先下，我们又怎么挤得上去呢？”

让孩子学会观察实际情况，认识到公共汽车先下后上的合理性。再在这一基础上对孩子展开公交礼仪的教育，则可以收到更好的效果。能够令孩子从小树立遵守公共交通礼仪的意识。

安检为什么能发现旅客携带违禁品？

安安和妈妈去机场坐飞机，当走进安检门时，安安好奇地看着安检员拿着一支检测器，在旅客的身上扫来扫去。检测器还不时地发出嘀嘀的响声。

安安好奇地问："妈妈，安检员叔叔在做什么呢？"

妈妈耐心地回答："他们在检查旅客身上是否携带了违禁品。"

安安又问："什么是违禁品呢？"

妈妈说："比如刀、烟花爆竹等就属于违禁品"

安安问："那安检是怎样发现违禁品的呢？"

类似问题

在地铁里为什么也要进行安检？

安检主要检查哪些违禁品？

为什么人们进站必须经过安检？

解说

无论是乘坐地铁、火车，还是飞机，旅客都不免要接受安检。向孩子解释好这样的问题，可以帮助孩子遵守有关交通安全的规章制度，树立正确的安全意识。

常见回应

"安检仪器具有透视功能，可以看到旅客包里的东西。如果有违禁品，就能看出来。"

这样的解答比较笼统，而且不够科学。所以，在回答这类问题时，应该符合科学依据。

合理解答

“地铁站、火车站和飞机场常见的安检仪器通常有两种，一种是具有X光透视功能的安检仪，专门用来检查行李、箱包里的违禁品；另外一种是安检员叔叔拿在手里的安检仪，可以用来检查旅客身上的金属物品。如果坏人身上携带了刀或手枪，安检仪就会发出嘀嘀的报警声。”

父母在回答完上述问题后，还可以带着孩子去地铁站、火车站或飞机场，让孩子实际观察一下安检仪的工作原理。同时向孩子灌输一些交通安全的常识，比如，不要携带违禁品上火车、登飞机等。

为什么飞机上、加油站里不能使用手机?

小刚和妈妈从超市回来，当经过一个汽车加油站时，小刚从兜里摸出手机，想给朋友小明打个电话，妈妈见状急忙制止说：“这里是加油站，打电话是很危险的，快放下！”看着妈妈一脸严肃的神情，小刚觉得很奇怪，不解地问：“为什么呢？”

类似问题

为什么加油站不能穿容易产生静电的衣服?

在飞机上打手机会耳聋吗?

在加油站里打手机会不会发生爆炸?

解说

解释这种问题，可以让孩子养成遵守安全规则的良好习惯。现在我们的生活中有许多容易被人们忽略的隐患，让孩子多了解并时常注意这些潜在危险，是大人们的责任。

常见回应

“因为使用手机有可能会引燃加油站的汽油。你没看见吗？那里贴着禁止的标志呢！飞机上禁止打手机，是因为手机会引来雷电，把飞机炸下来。”

合理解答

“手机是一种无线电通讯工具。手机在接收信号时，会产生电流。而电流如果遇到手机线路内有锈蚀的地方，可能会产生射频火花。而加油站内的空气，有很多汽油的挥发物质。当这些物质浓度达到一定程度时，有可能被射频火花所引燃，导致爆炸。

至于飞机上不能使用手机，是因为担心手机信号会干扰飞机上的电子设备，影响飞行。”

为什么救火车是红色，救护车是白色的？

贝贝是个好奇心很强的孩子。有一天，她听到一阵刺耳的鸣笛声传来，隔着窗户一看，原来是一辆红色的救火车从楼前的马路上疾驰而过。这时，她联想到前几天隔壁张奶奶生病时，是一辆白色的救护车来接张奶奶去医院，贝贝有些想不明白了：为什么救火车是红颜色的，而救护车却是白颜色的呢？

类似问题

为什么邮政车辆是绿颜色的？

为什么许多坦克和军车是墨绿色或者土黄色？

解说

不同的职业和行业，往往有其“代表颜色”。比如，人们一提到消防员，就会联想起红颜色；人们一提到医生和护士，就会联想起他们穿的“白大褂”以及白色的救护车；而坦克和军车往往被漆成墨绿色或土黄色；邮局运送邮包和信件的车辆往往也是绿颜色。其实，上述特殊车辆之所以被漆成特殊颜色，是有一定的目的。而幼小的孩子们并不了解这些。

常见回应

“因为火的颜色是红色的，所以救火车就是红色；因为白色代表干净卫生，所以救护车是白颜色。”

合理解答

“火是危险的，火灾一旦发生，在短时间内就会造成巨大的危害，所以，人们一定要在第一时间救火。而救火车被漆成红颜色，表示十万火急。另外，红颜色比较醒目，能够令人警醒；而医院需要洁净卫生的环境，所以医院里的墙壁、被褥、床单，以及医护人员的衣服都是白颜色的，救护车自然也不例外了。”

专家点评

特殊车辆的颜色往往与该行业的特点有关。父母可以从行业特点入手，向孩子做解释。同时，也可以延伸出去，解释其他行业的特点。比如，军车漆成墨绿色或土黄色是为了在野外更好地隐蔽自己，消灭敌人。

高压电为什么危险？人为什么会触电？

小利和爸爸去公园放风筝，结果风筝线断了，风筝挂在了一根高压线上。小利找来一根竹竿，想把风筝挑下来，爸爸急忙阻止了他，“危险！小心触电！”小利问爸爸：“高压电为什么危险？人为什么会触电？”

类似问题

为什么雷雨天气不能在大树下避雨？

天空上出现的闪电是从哪里来的呢？

解说

人们的生活离不开电，家庭里随处可见与电相关的东西，孩子对电的危险性认识不足，通过解答这样的问题，可以促使孩子理解触电的危险。

常见回应

“因为人体能够导电，所以人会触电。”

合理解答

“如果人遇到带电的电线，电流就会通过人的身体。如果电流足够强，持续时间足够长，可能会让人的神经受到损害，让人的心脏停止跳动。高压电由于电压特别高，所以可能在一瞬间就置人于死地。”

● 第一节 孩子眼中的世界

● 第二节 童言童趣

第十一辑

异想天开

在现代生活和学习中，“异想天开”常带有贬义。而事实上，研究人员发现，正是喜欢“异想天开”的孩子，才是最有创造潜力和发展前途的人。“异想天开”也是一种能力，是一种非常可贵的想象力。人类发展的历程也充分表明：没有“异想天开”和“突发奇想”，便没有人类社会的进步。许多伟大的科学发明都来自科学家的“异想天开”。许多古人在当时看似“突发奇想”的事情，经过科学家们不断地探索与研究，很多都成为了现实。

所以，父母应大胆地面对孩子的想象，当孩子有奇特的想法时，不要责备他们“胡思乱想”，不要把孩子的“异想天开”视作“怪癖”，挫伤他们的激情。父母应加倍关注孩子的幻想、标新立异和独特见解，尊重、珍视孩子的新思路，充分挖掘其“异想天开”中的合理因素，适当给予孩子鼓励和引导，使他们敢想敢说，勇于创新。

第一节　孩子眼中的世界

一天，乐乐听老师在课堂上讲，蚯蚓被弄成两段之后，还会长成两条独立成活的蚯蚓，他觉得很奇怪。

回家后，他按照老师的讲解把断成两段的蚯蚓放在窗台上的花盆里养了起来。

妈妈看到后恼怒不已，训斥乐乐是“神经病”、“异想天开”，妈妈把蚯蚓扔下了阳台，并狠狠地打了乐乐一巴掌。

乐乐看着妈妈的反应不知所措。

砖头可以干什么？

课堂上，老师问小朋友：“砖头可以做什么？”

大多数孩子回答说：“盖房子。”

老师笑了，因为这是她认可的正确答案。

然而，偏偏有一个小男孩举起了小手，说：“也可以打狗！”

小朋友们笑着开始嚷嚷，老师的脸色有些变化，她不太喜欢这个淘气的男孩，这个孩子常常会冒出一些怪点子，有时还捣乱。但砖头可以用来打狗并没有错，老师示意小朋友静下来，不再提这件事了。

成人在考虑问题时，常常会受到许多潜在因素的限制，孩子却不同，他们可以让思维插上想象的翅膀尽情驰骋，常常会想出令人出乎意料的答案，这是非常可贵的。而事实上，敢于求异思维，富有想象力和创造精神是一个人成才的必备条件。父母以及老师应该鼓励孩子多动脑筋，从不同的角度去寻找不同的答案，而不要用成人的眼光限制孩子的思维，阻碍孩子视野的开阔。

这是“1”

菲菲1岁了，已经会说简单的字了。妈妈开始用识字卡片教她数字“1、2、3”。

吃饭时，菲菲抓起面前的筷子说：“1”，奶奶纠正：“这是筷子”；

菲菲看见爸爸写字，抓住爸爸手中的笔说：“1”，爸爸纠正：“这是笔”；

雨过天晴，菲菲看见妈妈收起的伞说：“1”，妈妈纠正：“这是雨伞”；

菲菲看着挂历，指着上面的“海鸥”说：“3”，爸爸纠正：“这是海鸥”……

爸爸妈妈和爷爷奶奶总是不失时机地教菲菲认识各种事物。菲菲就在这样的灌输中，机械地知道了数字与物品的区别。

菲菲在成人的“标准答案”中汲取知识，却也会在成人的固有思维中渐渐丧失宝贵的想象力。也许您会为孩子的每次正确回答或者孩子的标准答案感到高兴和喜悦，但您培养出的也很可能是大小相同、规格相同、颜色相同的机器。如果菲菲在将筷子、笔、雨伞、梯子甚至是人想象成“1”的时候，父母能够不束缚、不纠正，让孩子的想象力自由驰骋，甚至和孩子一起“胡思乱想”，别让一个刚刚学会识字的孩子就掌握所谓的“标准答案”，那么孩子的想象力也许不会那么早消失殆尽。

天空可以是彩色的

兵兵两岁了，他对妈妈买给他的彩色画笔有着独特的偏爱。常常一天下来，手上、身上、衣服上都是彩笔画下的条条道道，一面墙壁也成了他的画板。

一天，妈妈看着正在认真作画的兵兵，指着他画的五颜六色的图问："这是什么？"

兵兵骄傲地说："漂亮的天空呀。"

妈妈很高兴，又问："天空为什么是彩色的呢？"

兵兵说："因为她穿上了漂亮的裙子呀。"

妈妈继续问道："那她会不会换衣服呢？"

兵兵一本正经地回答："会啊，晚上妈妈会给她换睡觉的衣服。"

对话还在继续，兵兵就在这样的情景中越来越有兴趣地继续着他无尽的想象。

年纪越小，对物体的想象就越丰富。父母不断的开放式问题能点燃孩子想象的热情，使孩子学会以想象的目光看世界，去创造世界上没有的东西。父母尽量向孩子提开放式的问题，并告诉孩子，问题有很多答案，从而开启孩子的开放式思维，使孩子在愉快的对话中轻松地了解未知的世界。

月亮究竟像什么

一天晚上，佳佳对妈妈说："妈妈，我好久没有看月亮了，想去阳台上看看月亮。"

妈妈说："很好啊。"

过了几分钟，佳佳兴奋地跑过来说："妈妈，今天的月亮好漂亮啊！真像一只灯泡！"

妈妈禁不住大笑，因为从来没有人将月亮比作灯泡。

佳佳顿时愣在那里，以为自己说了什么傻话。

此时，妈妈马上意识到自己犯了一个错误，立即丢下手边的事情，和佳佳一起来到阳台上，"是啊，多漂亮的月亮！"妈妈抚摸着佳佳的头说。

十几天后的一个晚上，佳佳又到阳台上看月亮，同样兴奋地跑到妈妈面前说：“妈妈，今天的月亮像个香蕉。”

妈妈这次微笑地点点头，说：“很好，今天的月亮弯弯的非常像香蕉。”

为什么孩子不可以有自己的想象呢？古人将月亮比喻成明晃晃的铜镜，现在的孩子到哪里去见那样的镜子呢？再说了，父母又何必在乎月亮究竟像什么呢？如果妈妈今天对佳佳说，月亮根本不像灯泡，它是一面镜子，孩子可能以后再也不会想象月亮像其他东西了。所以，也许妈妈的心里从来不曾认为月亮与香蕉有何相像，但经孩子这么一说，还真的像呢！成人就是因为抱着固定的观念，导致对一些本来可以成功的事情视而不见。

太阳有营养吗？

今天的天气非常好，7岁的佳佳正在屋里玩儿，这时妈妈说：“佳佳，到外面去玩。”

佳佳看着妈妈问道：“我在屋里玩儿的挺好的，为什么要到外面去玩儿呢？太阳有营养吗？”

大人听到“太阳有营养”的说法，都会觉得有点奇怪。不过，如果要作一说明，实在不容易，孩子也无法了解。他们认为对身体有益就等于有营养。父母可以在生活中多给孩子讲解接触阳光的益处，使之明白其中的道理。

葡萄也会洗澡

琪琪3岁了，正是馋的时候。

一天，好奇的琪琪边吃葡萄边问妈妈：“妈妈，为什么葡萄都是甜的，而饼干则有甜的也有咸的呢？”

妈妈笑了笑没有回答，下午把琪琪带到超市，买了一盒“盐津葡萄”给

琪琪，说："这个是用新鲜葡萄做成的，就是咸的。"

琪琪拿了几个放在嘴里尝了尝，然后拿来一杯水，把咸葡萄放进了水里。

妈妈看到这个情景，说："你如果不喜欢吃，也不要浪费啊！"

琪琪非常委屈，说："我不是要浪费，我只是想给它们洗洗澡。"

妈妈觉得有趣和好奇，问："为什么要给它们洗澡呀？"

看到妈妈笑，琪琪也笑着说："它一定是出了太多的汗所以才这么咸，洗干净了就会甜了。"

妈妈发现，和琪琪玩这种"为什么"的游戏，琪琪的思维特别活跃，并且对此也特别感兴趣。

当孩子自由表达其头脑中一些稀奇古怪的想法时，想象力和表达能力都得到了训练和提高。放纵孩子的感官世界，使孩子学会运用各种感觉器官，学会从不同角度感知这个世界，这会大大开启他们以前从没有体验过的一些想法，这也是丰富孩子想象力和创造力的一个关键。

苹果也可以是方的

小学美术课上，老师正在教小朋友们画苹果。

老师巡视了一周，发现小朋友们都在画圆苹果，而唯独一个孩子却画了个方苹果。于是老师就耐心地问："苹果都是圆的，你为什么画成方的呢？"

孩子回答道："我看见妈妈买回来的放在桌子上的苹果，一不小心，滚到地上摔坏了，于是我就想如果苹果是方的，就不会那么容易摔坏了，那该多好啊！"

老师立即鼓励道："你真是一个爱动脑筋的好孩子，希望你长大后，培育出方形的苹果。"

故事中的小男孩就是如今市场上人们争相购买的"方西瓜"的发明者。方西瓜由于形状独特，搬运方便，并且口感好，一时间成为大家公认的"水果明星"。而这个为方西瓜的发明奠定基础的"方苹果"故事也广为人们传颂。

那个人是从他自己的肚子里生出来的吗？

一天，4岁的圆圆和妈妈一起到电影院看《人猿泰山》。电影结束后，圆圆问妈妈：“妈妈，第一个人是出生在很久很久以前吗？”

“是啊，是在很久很久以前。”妈妈答道。

“那个人是从他自己的肚子里出来的吗？”圆圆继续问道。

妈妈不知如何回答，却禁不住笑了起来。

生活中，孩子从妈妈那得知人是从妈妈的肚子里生出来的。而第一个人没有妈妈，所以就认为他是从自己的肚子里生出来的。

当孩子有这种想法时，千万不要嘲笑他，应和孩子一起思考：“第一个人到底是怎么样来的呢？”

其实，这的确是一个令人难以回答的问题。科学家们正在努力地研究，希望有朝一日能够回答这个问题。但这时，父母千万不要抹杀孩子的好奇和想象，可以结合孩子的年龄讲一些国内外关于人类起源的神话故事。

如果电视坏了，家里会不会淹水呢？

4岁的贝贝正在看电视，突然电视中出现了波澜壮阔的大海的画面。贝贝非常紧张地跑到妈妈面前问道：“妈妈，如果电视坏了，海水会不会把咱们给淹了啊？”

“即使电视坏了，水也不会从电视中跑出来的。”妈妈说道。

“那为什么大海会在电视上呢？它不是在电视里面吗？”贝贝继续问。

妈妈也不太了解电视的组成，一时也不知如何回答。

关于电视的问题，还有“那些人是住在电视里吗”或是“我也能进到电

视里吗”……孩子的此类问题真是层出不穷。甚至有的孩子在电视节目播放时，还会特意跑到电视的后面看一看，伸出手来拨弄电视后面的零件或电线，孩子的这种行为和好奇常常让父母非常紧张。

要想让4岁的孩子理解肉眼看不到的电波，实在是件非常困难的事情。父母可以购买一些画册，让孩子一边看一边对其进行讲解和说明。这是一个比较好的办法。此外，也可以充分利用电视台向公众开放参观的机会，带孩子去参观，这种真实的接触会更好。

生活中，孩子的见解往往与父母的不同，有时候甚至比父母想得更为宽广。父母应放手让孩子大胆地“异想天开”，鼓励孩子的创新精神和求异意识，而这些都要从日常生活中的小事做起。

首先，父母应尊重孩子的想法，允许孩子一些荒谬的想法存在。对于孩子的“异想天开”要给予重视和尊重，不要过早地把孩子的思维束缚在成人所划定的框框里，挫伤孩子想象的积极性，使孩子失去了儿童应有的童趣和天真。

另外，不要让孩子认为知识就是绝对不能更改的。培养孩子一些“怀疑”精神，对其思路的扩展是非常有益的。科学的每一个进步都离不开人们大胆的想象，每一个发明也离不开人们对现有模式和现状的“怀疑”。如果孩子只知道按照父母给的模式和答案去回答、思考问题，就不会有所发现、有所改进、有所创造、有所突破了。

第三，不要认为现在不可能的事情永远都不可能发生。父母一定要用心倾听孩子的每一个“可笑”的幻想，而不要嘲笑他们。因为每一个奇妙的想象在若干年后都有可能变成现实。如果父母仅凭自己的经验就强迫孩子接受自己的判断，那么孩子独特的个性和创造性就会被无情地扼杀在摇篮之中。

最后，父母要经常鼓励、支持孩子想象。孩子的“异想天开”体现了孩子独特而丰富的想象力，父母正确的引导和鼓励，将会成为“异想天开”的孩子攀登科学高峰的阶梯。

第二节　童言童趣

奶奶怎么不把姑姑生成八只脚？

一天，涛涛的两个姑姑带着各自的孩子到涛涛家玩。

涛涛看见一些小朋友在玩儿吹泡泡，他也想玩儿，就向姑姑要。

姑姑问了小朋友，小朋友说在比较远的市场才能买到。

于是，一个姑姑领着孩子在家里一边等一边玩儿，另一个姑姑去买。等了好一会儿不见姑姑回来，涛涛等不及了，说："奶奶生姑姑的时候怎么不多生几只脚，给姑姑生八只脚，再装上八个轮子，让姑姑跑快点儿！"

"多啦A梦"

今天是小雄的5岁生日，他的父母决定上午先带着自己的宝贝儿子去看一场电影，然后下午再去游乐园，让小雄过一个快快乐乐的生日。

可是，小雄上午看完多啦A梦的动画电影之后，就一直想要回家，之前一直吵着闹着要去的游乐场怎么说都不想去了。小雄的父母一想，这样也好，他们下午也能休息休息。

回家的路上，小雄的父亲去给他买生日蛋糕去了，而他的妈妈一进家门便开始准备中午饭，也没有注意小雄去做什么了。

过了一阵，蛋糕买回来，饭也做好了。

可此时的小雄的父母却发现，和小雄一起从他屋子里出来的自家白色宠物猫，居然变成了蓝色！

而就在父母还一头雾水的时候，小雄举起了猫咪，说："爸爸，妈妈，你们快看，咱们家也有多啦A梦了！”

小雄的话让他的父母哭笑不得，而小雄接着又说：“爸爸，妈妈，以后你们不用去上班了！”

爸爸笑着问：“啊？这是为什么？”

小雄又把猫咪举起来，把它的下腹部冲着自己的父母，得意地说：“你们看啊，它也有万能口袋啊！我都画好了！你们放心吧！”

将来我是妈妈，那爸爸是谁呀？

一天，豆豆的爸爸和妈妈在厨房做饭，4岁的豆豆在院子里玩水。豆豆看到爸爸和妈妈在一起一边说说笑笑一边做饭非常羡慕，就跑到厨房问妈妈：“妈妈，我将来也会当妈妈，是吗？”

妈妈说：“是啊！”

豆豆想了一会儿，又问道：“我是妈妈，那么爸爸是谁呢？”

爸爸和妈妈听到豆豆的问话，哈哈大笑，看到豆豆一本正经的样子，妈妈意识到不能这样对待小豆豆。

于是妈妈就微笑着说：“将来的爸爸，由你选择，我和爸爸也不知道呀！等你长大了你就知道了！”

豆豆好像听懂了，又好像听不懂，妈妈接着说：“妈妈和爸爸是在妈妈22岁的时候认识的，那时候我们都工作了。”

豆豆听完后，只是点点头，又去玩儿了。

医生为什么不把肚脐打成蝴蝶结呢？

7岁的慧慧对肚脐非常好奇，常常问妈妈肚脐的作用。

于是妈妈把脐带连着胎儿与母体的道理深入浅出地给她讲了一下，并且说："婴儿离开妈妈之后，医生就会把脐带剪断并打一个结，于是就成了肚脐。"

慧慧听懂了，但还是有些遗憾地问道："医生为什么不打成蝴蝶结呢？"

三个自私比一个自私好

小明下午放学最先回家，一个人在看电视卡通节目，不久爸爸、妈妈、哥哥回家后，节目立刻就转到了别的频道。小明靠近母亲说："妈，你不是说人不可以自私吗？"

"是啊，所以你不可以只看你一个人喜欢看的卡通节目，也要让爸妈和哥哥看其他的节目。"

"可是，为什么三个自私比一个自私好呢？"

还是结婚好

小雪跟着妈妈从托儿所回家，路上，恰逢一家人正在搬运全新的家具和电器。于是小雪问妈妈："叔叔和阿姨家要那么多新家具做什么啊？"

"叔叔和阿姨要结婚了，所以他们的东西都是新的啊！"妈妈告诉小雪。

"结婚那么好呀！那为什么妈妈和爸爸不结婚呢？"小雪说。

他还不知道自己是个秃子吗？

皓皓看见一个秃头的人，于是对妈妈说："妈妈，你看，那个人头上一根头发也没有！"

妈妈说："小点声儿，让人家听见多不好！"

“怎么，他还不知道自己是个秃子？”皓皓问道。

救救爸爸

茜茜第一次在电话里听到爸爸的声音时，便大声哭了起来，妈妈问道：“宝贝，怎么啦？”

“妈妈，”茜茜哭道，“我们怎样才能把爸爸从这么小的洞里救出来呢？”

怎么会在一起？

艾琳从学校回来后，向妈妈了解家世。

艾琳：“妈妈，我在哪儿出生的？”

妈妈：“伦敦。”

艾琳：“妈妈，您在哪儿出生的？”

妈妈：“我出生在法国巴黎。”

艾琳：“爸爸呢？”

妈妈：“罗马。”

艾琳：“真奇怪！我们三个出生在三个不同的地方，后来又怎么会在一起呢？”

真是难为青蛙啦

爸爸妈妈带着4岁的鑫鑫到野外度假。

鑫鑫在河边看见一只跳跃的青蛙，于是就学着青蛙的样子跳了起来。

跳了几下之后，鑫鑫累得气喘吁吁，他站起来说：“真累啊！真难为青蛙了，每天都要这样跳。”

得了肾结石的叔叔

青松的叔叔得了肾结石，在家休息。

一天，青松问爸爸：“爸爸，什么是肾结石呢？”

爸爸说：“就是尿尿的时候有石头出来。”

青松转过头，非常忧虑地对叔叔说：“叔叔，你尿尿的时候一定要把脚岔开，小心别砸着脚！”

大的好，还是小的好？

翔翔今年已经4岁了。

一天，翔翔家里来了很多客人，其中的姨奶奶问翔翔：“宝贝，大的好，还是小的好？”

“大的好！”翔翔答道。

姨奶奶又问：“那你长大后当大坏蛋还是当小坏蛋呢？”

“当然是大坏蛋啦！”翔翔毫不犹豫地说。

猜猜我们谁是哥哥谁是妹妹

一天，小维看见一对非常可爱的龙凤胎，但就是分不出大小。

于是小维就问：“你们谁大谁小啊？”

小女孩神神秘秘地说：“你猜猜，我们谁是哥哥谁是妹妹！”

爸爸叫什么?

有一次问一个小孩:“你妈妈叫什么名字?”

她奶声奶气地终于吐出了名字。

“那么,爸爸叫什么呢?”

只见她兴高采烈毫不含糊地说:“老公!”

我就嫁给你好吗?

一次,爸爸妈妈带着3岁的儿子小振到饭店吃饭。

服务员看到非常可爱的小振,就跟他开玩笑说:“小弟弟,等你长大了,我就嫁给你好吗?”

谁知道小振认真地说:“不行,你男朋友要吃醋的,怕怕!”